Wunderbare
Welt des Wissens

DIE
TIERE

in
Fragen & Antworten

MICHELE STABLE UND LINDA GAMLIN

INHALT

DAS TIERREICH

Wodurch unterscheidet sich ein Tier von einer Pflanze?

Der Hauptunterschied besteht darin, dass Tiere fressen müssen. Pflanzen gewinnen ihre Nahrung unter anderem aus Sonnenlicht, und zwar mit Hilfe einer grünen Substanz in den Blättern, die man Chlorophyll nennt. Tiere (und auch der Mensch) müssen sich dagegen von Pflanzen oder anderen Tieren ernähren. Im Unterschied zu den Pflanzen können sich die meisten Tiere bewegen. Das heißt aber nicht, dass sich alle Tiere bewegen können. Einige, wie zum Beispiel Korallen und Schwämme, müssen ihr ganzes Leben an ein und demselben Fleck verbringen. Viele Tiere besitzen spezialisierte Sinnesorgane, wie Augen und Ohren, mit deren Hilfe sie beobachten, was um sie herum vorgeht. Sie besitzen darüber hinaus auch Nervenzellen, die blitzschnell Nachrichten durch den Körper transportieren, so dass sie sehr schnell reagieren können.

Wie bewegt sich ein Tier?

Ein Tier bewegt sich, indem es seine Muskeln einsetzt. Muskeln sind weiche Körperteile, die sich zusammenziehen und verkürzen und dann wieder entspannen und ausdehnen können. Bei den meisten Tieren ziehen die Muskeln an den harten Knochen, aus denen sich das Skelett zusammensetzt. Dank der Muskeln und der Gelenke, die sich in bestimmte Richtungen bewegen lassen, ist das Skelett beweglich.

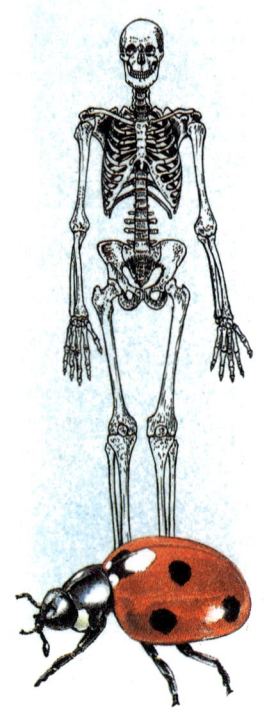

Skelett des Menschen und eines Insekts

Worin besteht der wichtigste Unterschied zwischen einem Hund und einer Spinne?

Eine Spinne besitzt zwar doppelt so viele Beine wie ein Hund, aber es gibt einen viel wichtigeren Unterschied, der mit dem Skelett zusammenhängt. Ein Hundeskelett besteht aus langen, dünnen Knochen im *Inneren* des Körpers. Das Skelett einer Spinne befindet sich *außerhalb* des Körpers, ähnlich einer Rüstung. Insekten und Krebse besitzen ebenfalls ein solches Außenskelett, das man *Exoskelett* nennt. Vögel und Säugetiere, wie wir Menschen, besitzen dagegen ein Skelett im Inneren unseres Körpers, ein so genanntes *Endoskelett*.

Was ist ein Wirbeltier?

Ein *Wirbeltier* ist ein Tier, das eine Wirbelsäule besitzt, z. B. ein Hund. Die Wirbelsäule ist eine aus Wirbeln zusammengesetzte Knochensäule, mit der alle Gliedmaßen durch Gelenke verbunden sind. Im Wirbelkanal liegen die wichtigsten Nervenstränge, die zum Gehirn laufen. Es gibt fünf Gruppen von Wirbeltieren: Fische, Amphibien (Lurche, z. B. Frösche und Kröten), Reptilien (Kriechtiere, z. B. Schlangen und Eidechsen), Vögel und Säugetiere. Alle anderen Tiere heißen *Wirbellose*.

Wie viele Beine hat ein an Land lebendes Wirbeltier?

Für gewöhnlich besitzen an Land lebende Wirbeltiere vier Beine, aber einige haben auch nur zwei oder gar keine. Schlangen, Wale und Delfine sowie eine Gruppe von Amphibien, die man *Caeciliiden* nennt, haben ihre Beine vollständig verloren. Wenn man sich allerdings ihr Skelett ansieht, sieht man, dass ihre Vorfahren vier Beine besessen haben müssen. Bei vielen Wirbeltieren haben sich die Beine zu anderen Arten von Gliedern umgebildet. Bei den Vögeln wurden aus den Vordergliedern die Flügel. Bei Robben und Walen haben sich die Vorderbeine zu Schwimmflossen entwickelt.

Wie viele verschiedene Arten von Tieren können fliegen?

Drei: Insekten, Vögel und die zu den Säugetieren zählenden Fledermäuse. Früher gab es noch eine weitere Gruppe fliegender Tiere, die so genannten *Pterosaurier* oder *Pterodactylen*. Dabei handelte es sich um Reptilien, die heute ausgestorben sind. Es gibt auch Tiere, die nicht richtig fliegen, sondern eher gleiten. Sie schlagen nicht wirklich mit den Flügeln, sondern spreizen große Hautlappen auseinander, mit deren Hilfe sie oft viele Meter dahingleiten. Zu den Gleitfliegern gehören Flughörnchen, Lemuren, eine fliegende Eidechse und sogar ein fliegender Frosch.

Drei Arten von fliegenden Tieren: 1. Vögel, 2. Fledermäuse und 3. Insekten.

Was ist ein Raubtier?

Ein Raubtier ist ein Tier, das andere Tiere tötet, um sich zu ernähren. Es gibt Landraubtiere, wie Löwen, Bären oder Wiesel, und Wasserraubtiere, z. B. Robben.

Was ist eine Art?

Eine Art ist die kleinste Gruppe von Tieren, die sich untereinander, jedoch nicht mit Angehörigen anderer Arten fortpflanzen können. Ihre Nachkommen müssen sich ebenfalls erfolgreich fortpflanzen können. Angehörige derselben Art sehen normalerweise sehr ähnlich aus. Menschen gehören alle zur Art *Homo sapiens*.

Leoparden sind geschickte Jäger.

Warum atmen Tiere?

Tiere atmen, weil sie zum Leben *Sauerstoff* brauchen, der ein Bestandteil der Luft um uns herum ist. Sauerstoff ist auch im Wasser gelöst, und Fische und andere Tiere im Wasser atmen ebenfalls Sauerstoff. Wenn zu wenig Sauerstoff im Wasser enthalten ist, müssen sie ersticken.

Welche Tiere leben von dem Nektar, den die Pflanzen produzieren?

Einige Gruppen von Tieren leben von Nektar; die bekanntesten von ihnen sind Fluginsekten wie Schmetterlinge, Motten, Bienen und Schwebfliegen. In den Tropen leben auch einige Fledermäuse, die sich von Nektar und von Blütenpollen ernähren. Auch einige Vögel nippen am Nektar, so zum Beispiel die afrikanischen Sonnenvögel und die amerikanischen Kolibris. Sie ergänzen ihren Speisezettel durch die Insekten, die sie in den Blüten finden. Schließlich gibt es noch ein kleines Säugetier in Australien mit dem Namen Honig-Opossum, das sich vom Nektar und den Pollen großer Blüten ernährt.

Was sind Carnivoren?

Fleischfresser, räuberische Tiere (und Pflanzen), die Tiere als Nahrung brauchen. Pflanzenfresser nennt man im Unterschied dazu *Herbivoren*. Lebewesen, die von pflanzlicher und tierischer Nahrung leben, heißen Allesfresser.

Welche Tiere können blitzschnell ihre Farbe ändern?

Chamäleons sind die bekanntesten Tiere, die ihre Farbe schnell ändern können. Aber auch einige Fische, wie zum Beispiel Schollen, oder Weichtiere, darunter die Tintenfische, können ihre Farbe von einem Augenblick auf den anderen wechseln. Alle diese Tiere haben in der Haut Farbzellen, die sie erweitern oder zusammenziehen können, wodurch sich die Hautfarbe ändert. Sie ändern ihre Farbe, um sich ihrer Umgebung anzupassen oder wenn sie angegriffen werden. Tintenfische können z. B. ihren Körper streifenförmig einfärben, um einen Angreifer abzuschrecken. Plattfische, wie etwa die Schollen, wechseln ihre Farbe nur zur Tarnung, um sich beim Schlafen der Farbe des Meeresbodens anzupassen.

Welche Tiere bringen lebende Junge zur Welt?

Die maßgeblichen Tiergruppen sind Säugetiere wie Hunde, Katzen, Affen und Kängurus. Daneben gibt es aber noch viele andere Tiere, die auch lebende Junge zur Welt bringen, so zum Beispiel einige Fisch-, Schlangen-, Insekten- und Seesternarten. Alle diese Arten sind „Ausnahmen von der Regel", da sie zu Tiergruppen gehören, die normalerweise Eier legen. Im Laufe der Evolution haben diese Tiere die Fähigkeit entwickelt, die befruchteten Eier im Körper zu behalten, bis die Jungen geschlüpft sind.

Welcher Vogel berührt niemals den Boden?

Viele Mauersegler verbringen ihr ganzes Leben in der Luft, ohne je den Boden zu berühren. Sie sind hervorragende Flieger und haben sich an dieses Leben so gut angepasst, dass sie weder laufen noch hüpfen können. Wenn Mauersegler durch Zufall landen, fällt es ihnen schwer, wieder zu starten.

Chamäleons können ihre Farbe von einem Augenblick auf den anderen ändern, um sich der Umgebung anzupassen.

Welche Tiere haben ein Fell?

Säugetiere sind die Hauptgruppe der Tiere, die ein Fell haben, obwohl es einige Säugetierarten gibt, z. B. Wale, die im Laufe der Evolution ihr Fell verloren haben. Einige wenige andere Tierarten haben ebenfalls eine Art Fell, das den gleichen Zweck erfüllt wie das Säugetierfell, nämlich den, die Körperwärme nicht entweichen zu lassen. Große Fluginsekten wie Hummeln und Schwärmer haben z. B. ein Fell. Es handelt sich bei ihnen zwar um „kaltblütige" Tiere, aber sie müssen ihre Muskeln aufwärmen, bevor sie losfliegen können. Zu diesem Zweck lassen sie ihre Muskeln eine Zeit lang zittern. Hierdurch wird Wärme erzeugt, die das Fell dann am Körper hält.

Welche Tiere, außer den Vögeln, haben Federn?

Federmotten haben Flügel, die aussehen, als bestünden sie aus winzigen Federn. Die meisten Federmotten-Arten haben fünf „Federn" auf jeder Seite ihres Körpers; zwei davon haben sich als Ersatz für die Vorderflügel und die anderen drei als Ersatz für die Hinterflügel entwickelt.

Füttern Vögel ihre Jungen mit Milch?

Ja, einige Vogelarten füttern ihre Jungen mit einer nährstoffreichen Flüssigkeit, die der Säugetiermilch sehr ähnlich ist. Zu den Vögeln, die ihre Küken auf diese ungewöhnliche Weise aufziehen, zählen die Tauben, der Große Flamingo und der Kaiserpinguin. Die Milch wird vom so genannten Kropf produziert.

Warum haben Elefanten kein Fell?

Elefanten sind so groß, dass sie kein Fell brauchen. Andere Säugetiere haben ein Fell, um zu verhindern, dass ihre Körperwärme entweicht. Grundsätzlich gilt: Je größer ein Körper ist, um so größer ist die Wärmemenge, die erzeugt und über die Haut abgegeben wird; je mehr Haut also vorhanden ist, um so mehr Wärme geht auch verloren. Ein Elefant hat zwar mehr Haut als die meisten anderen Tiere. Aber entscheidend ist letztlich das Verhältnis zwischen der Körpermasse und der Hautfläche. Je größer das Tier ist, um so geringer ist seine Hautfläche im Verhältnis zu seiner Masse. Ein großes Tier verliert also weit weniger Wärme als ein kleines Tier.

Was ist ein Parasit?

Ein Parasit ist ein Tier, das sich von einem anderen Organismus ernährt (dem Wirt). Flöhe leben davon, dass sie einem größeren Tier Blut aussaugen, und Bandwürmer leben in den Eingeweiden größerer Tiere und nehmen dort Nahrung auf. Einige mikroskopisch kleine Parasiten leben im Blut oder in den Zellen eines anderen Tieres auf. Parasiten sind für ihre Ernährung völlig von ihrem Wirt abhängig, weshalb sie ihn in der Regel nicht töten.

Elefanten brauchen kein Fell; ihr großer Körper hält sie warm.

Schlafen alle Tiere in der Nacht?

Nein, manche Tiere verbergen sich am Tag, um zu schlafen, und kommen nur nachts hervor; diese Tiere nennt man *nachtaktiv*. Tiere und auch uns Menschen, die tagsüber wach und aktiv sind, nennt man *tagaktiv*. Es gibt jedoch auch einige Tierarten, wie zum Beispiel Hirsche, die für gewöhnlich am Abend und am frühen Morgen aktiv sind. Sie sind *dämmerungsaktiv*.

Wie können wir feststellen, ob Tiere träumen?

Beim Menschen kann man mehrere verschiedene Arten von Schlaf unterscheiden. Eine davon nennt man REM-Schlaf (**R**apid **E**ye **M**ovement = schnelle Augenbewegung), und in ihm träumen wir. Bei vielen verschiedenen Säugetieren und auch einigen Vogelarten hat man REM-Schlaf nachgewiesen, man kann also annehmen, dass sie träumen. Bei Hunden, Katzen, Pferden und Schimpansen liegt die Sache sogar noch klarer. Ihre Pfoten oder Schnurrhaare zucken manchmal während des REM-Schlafs, und sie geben auch Laute von sich, gerade so, als würden sie träumen.

Welches Tier verbringt die meiste Zeit schlafend?

Das Virginia-Opossum, das 18 Stunden täglich schläft. Es ist wahrscheinlich das Verschlafenste unter den Tieren. Wenn Tiere überwintern, können sie sogar mehrere Wochen am Stück „schlafen". Der Winterschlaf ist allerdings nicht dasselbe wie normaler Schlaf, da die Körpertemperatur des Tiers fällt und die Vorgänge in seinem Körper sich verlangsamen und fast zum Stillstand kommen.

Könnte eine Hälfte deines Gehirns schlafen, während die andere Seite wachbleibt?

Nein, es sei denn, du bist ein Delfin! Experimente haben nämlich gezeigt, dass beim Delfin immer nur eine Gehirnhälfte schläft. Delfine sind Säugetiere, die durch die Lungen atmen müssen. Wenn sie nicht an die Wasseroberfläche kommen, um zu atmen, ertrinken sie. Deshalb kann es sich ein Delfin nicht leisten, richtig zu schlafen. Die Lösung ist, dass zuerst die eine Hälfte seines Gehirns eine Stunde lang schläft und dann die andere.

Haben alle Tiere Blut?

Nein – einige der einfachsten Tierarten, wie Schwämme, Seeanemonen und Plattwürmer, kommen ohne Blut aus. In größeren, komplexeren und aktiveren Tieren transportiert das Blut Nährstoffe und Sauerstoff durch den Körper. Sehr kleine oder langsame, einfache Tiere können auch leben, ohne dass Sauerstoff und Nährstoffe schnell durch ihren Körper zirkulieren. Bei ihnen wandern diese Stoffe dank eines Prozesses, den man Diffusion nennt, durch den Körper. Obwohl die *Diffusion* langsam abläuft, ist sie für einfache Tiere immer noch schnell genug.

Ist Blut immer rot?

Nein, einige Arten von wirbellosen Tieren haben blaues und einige Wurmarten grünes Blut.

Welches Tier kann die lautesten Töne von sich geben?

Die lautesten Töne gibt der Blauwal von sich. Um mit seinen Artgenossen in Kontakt zu bleiben, sendet er Niederfrequenzsignale von ohrenbetäubender Lautstärke aus. Man hat in einigen Fällen eine Lautstärke von über 180 Dezibel gemessen – das ist lauter als der Lärm, den ein Düsenflugzeug beim Start verursacht! Mit empfindlichen Instrumenten konnte man diese Töne noch in einer Entfernung von über 800 Kilometern registrieren. Das lauteste Tier im Verhältnis zu seiner Größe ist das kleine Zikadenmännchen, das während der Brutzeit fast ununterbrochen einen surrenden Ton von sich gibt. Bei einer Gruppe von Zikaden, die auf einem Baum saß, hat man eine Lautstärke von 100 Dezibel gemessen, was ungefähr der Lautstärke eines lauten Rockkonzerts entspricht.

Welche Tiere singen?

Die wichtigste Gruppe von Sängern im Tierreich sind natürlich die Vögel, aber es gibt auch einige Wale, die singen, besonders die Buckelwale. Wale singen, um untereinander Kontakt zu halten und um während der Fortpflanzungszeit einen Gefährten zu finden. Auch von den Heuschrecken sagt man, dass sie singen, obwohl die Töne, die sie von sich geben, weniger melodisch sind. Im Grunde besteht kein Unterschied zwischen einem Lied und einem Ruf (wie zum Beispiel dem Quaken eines Frosches, dem Bellen eines Hundes und dem Kreischen eines Papageis). Die Tiere selbst können nicht zwischen musikalischen und unmusikalischen Tönen unterscheiden.

Wie viele Tierarten verwenden Echopeilung?

Langohr-Fledermaus

Mindestens drei, wahrscheinlich sogar mehr. Die wichtigsten sind Fledermäuse und *Cataceen* (Wale und Delfine). Beide bedienen sich sehr hoher Töne (die wir nicht hören können) für die Echopeilung, und beide können das Echo mit erstaunlicher Genauigkeit erfassen. Die Echopeilung ermöglicht den Fledermäusen, in völliger Dunkelheit zu fliegen. Dabei können sie selbst winzige Hindernisse wahrnehmen, die ihnen den Weg versperren. Noch bei einer weiteren Gruppe von Tieren hat man inzwischen die Verwendung von Echopeilung entdeckt: bei den Spitzmäusen und anderen kleinen nachtaktiven Säugetieren. Sie können sich mit Hilfe der Echopeilung zumindest in der Nacht zurechtfinden. Auch einige Höhlenvögel verfügen über Echopeilung.

Welches Tier hat die meisten Beine?

Im Augenblick ist es ein afrikanischer Tausendfüßer, an dem man mehr als 700 Füße gezählt hat. Wirklich 1000 Beine hat wohl kein Tausendfüßer.

Blauwal

Warum hängen Fledermäuse mit dem Kopf nach unten?

Weil ihre Hinterbeine zu klein und zu schwach sind, als dass sie darauf stehen könnten. Flugtiere müssen so leicht wie möglich sein, um fliegen zu können. Vögel z. B. besitzen einen leichten Schnabel anstelle von Zähnen. Die Hinterbeine der Fledermäuse sind im Laufe der Evolution verkümmert, weil sie nicht lebenswichtig sind. Fledermäuse brauchen nicht gut laufen oder sitzen zu können. Sie machen nachts im Flug Jagd auf Beutetiere, tagsüber schlafen sie in Höhlen oder hohlen Bäumen, wohin keine Raubtiere gelangen. Auf kräftige Hinterbeine konnte verzichtet werden, um Gewicht einzusparen und die Flugeigenschaften zu verbessern.

Welches ist das längste Tier der Welt?

Das längste Tier ist wahrscheinlich der Schnurwurm, der vorwiegend an Meeresküsten vorkommt. Ein riesiges Exemplar wurde auf eine Länge von mindestens 55 Metern geschätzt. Um den zweiten Platz streiten sich der Blauwal mit einer Länge von bis zu 34 Metern und der Wal-Bandwurm, der eine Länge von etwa 30 Metern erreichen kann.

Was ist ein Gliederfüßer?

Ein Gliederfüßer ist ein wirbelloses Tier, dessen Körper von einem harten Außenskelett (Exoskelett) geschützt wird und dessen Füße jeweils mehrere Glieder haben und in Paaren auftreten. Zu den Gliederfüßern zählen Insekten, Krebse, Spinnen, Skorpione und Hundertfüßer. Sie sind so überlebensstark, dass sie praktisch überall auf der Erde vorkommen: auf dem Land, im Wasser und in der Luft. Die Gliederfüßer bilden mehr als eineinhalb Millionen Arten.

Aus welcher Tierart haben sich die ersten Säugetiere entwickelt?

Die ersten Säugetiere entwickelten sich aus einer Gruppe von Fleisch fressenden Reptilien, den so genannten Therapsiden oder „säugetierähnlichen Reptilien". Diese Tiere lebten vor etwa 280 bis 190 Millionen Jahren und bevölkerten das Land, lange bevor die ersten Dinosaurier erschienen. Das Dimetrodon ist wahrscheinlich das bekannteste Beispiel für diese frühen Reptilien. Es konnte über drei Meter lang werden und zeichnete sich durch einen gewaltigen, segelähnlichen Kamm aus, der aus seinem Rücken herauswuchs. Die Wissenschaftler nehmen an, dass dieses Segel dem Tier dazu diente, sich in der Morgensonne schneller aufzuwärmen.

Spinnen produzieren „Seide", um daraus ihre Netze zu weben.

Wie viele verschiedene Tierarten produzieren Seide?

Mindestens drei verschiedene Gruppen von Tieren. Am bekanntesten sind die Spinnen, die aus der Seide Netze und Trichter bauen, um Beute zu fangen. Eine Gruppe von Insekten produziert ebenfalls Seide – die Nachtfalter, deren Raupen unter dem Namen Seidenwürmer bekannt sind. Sie hüllen sich in Seide ein, bevor sie in das Ruhestadium, die so genannte Puppe, eintreten, aus der sie als erwachsene Nachtfalter hervorgehen. Von diesen Puppen stammt der Faden, aus dem man den Seidenstoff herstellt. Die dritte Gruppe sind die winzigen *Symphylanen*, die mit den Tausend- und Hundertfüßern verwandt sind.

Woraus besteht ein Körper?

Zum größten Teil – nämlich zu 70 bis 80 Prozent – aus Wasser. Der zweitwichtigste Bestandteil sind die Proteine (Eiweißstoffe), von denen es viele tausend verschiedene gibt, jedes mit einer eigenen Aufgabe. Aus einigen bilden sich die Muskeln, die Sehnen und die Knochen, andere wiederum findet man im Blut, in der Haut und im Fell. Proteine bilden darüber hinaus auch das Grundgewebe aller anderen Körperteile. Der dritte wichtige Bestandteil ist Fett, das zur Speicherung von Energie dient. Aus Fetten bestehen auch die Membranen, die jede Zelle im Körper umgeben. Ein vierter wichtiger Bestandteil findet sich zwar nur in winzigen Mengen, spielt aber dennoch eine überaus wichtige Rolle. Es ist die DNA (**D**esoxyribo**n**ucleins**a**cid), ein chemischer Kode, der alle Informationen enthält, die den Aufbau des Körpers betreffen. Diese Informationen werden bei der Fortpflanzung an die Nachkommen vererbt.

WEICHTIERE

Was ist ein Protozoon?

Ein Protozoon ist die einfachste Tierart, die man finden kann – es besteht aus nur einer Zelle. Wenn man einen Tropfen Wasser aus einem Teich unter dem Mikroskop betrachtet, kann man möglicherweise Hunderte dieser winzigen Tierchen sehen. Insgesamt gibt es mindestens 50 000 verschiedene Arten von Protozoen. Sie werden auch Urtiere genannt.

Wie bewegen sich einzellige Tiere?

Einzellige Tiere bewegen sich auf drei verschiedene Weisen. Einige besitzen eine winzige, vorstehende, geißelartige Struktur (ein *Flagellum*), mit der sie wedeln und sich so fortbewegen. Andere wiederum sind über und über mit winzig kleinen Härchen *(Cilien)* bedeckt, deren rhythmisches Schlagen Bewegung hervorruft. Amöben krabbeln dahin, indem sie einen Teil der Zelle, die so genannten Scheinfüßchen, ausstrecken und dann den Rest des Körpers nachziehen und so fort.

Wie pflanzt sich eine Amöbe fort?

Um eine weitere Amöbe zu erzeugen, spaltet sich eine Amöbe. Wenn eine Amöbe voll ausgewachsen ist, teilt sich der Zellkern – das „Kontrollzentrum", in dem das gesamte Erbmaterial enthalten ist – in zwei genau gleich große Hälften. Unmittelbar darauf teilt sich auch die gallertartige Substanz *(Zytoplasma)*, aus der der Rest des Amöbenkörpers besteht. Die daraus entstandenen zwei Amöben sind identisch. Zum Fressen umfließen Amöben andere Mikroorganismen und verdauen sie anschließend.

Wodurch wird Malaria hervorgerufen?

Das winzige Protozoon *Plasmodium vivax* ist der Übeltäter. Es lebt normalerweise in den Speicheldrüsen des weiblichen *Anopheles*-Moskitos, wandert jedoch sofort in die Leber jeder Person, die zufälligerweise von dem Moskito gebissen wird. In der Leber vermehrt sich das *Plasmodium*, infiziert die roten Blutkörperchen und lässt sie platzen. Die Krankheit wird von Mensch zu Mensch übertragen, wenn der weibliche Moskito das Blut einer infizierten Person saugt und bei seiner nächsten Mahlzeit das *Plasmodium* auf eine noch nicht infizierte Person überträgt.

Amöbe

Protozoon mit Geißel

Ist ein Euglena eine Pflanze oder ein Tier?

Es ist beides. Normalerweise empfängt ein Euglena seine Energie vom Sonnenlicht wie eine Pflanze, wenn es jedoch in Dunkelheit gehalten wird, kann es durch die Zellwände Nahrungspartikel aufnehmen wie ein einfaches Tier.

Ist ein Schwamm ein Tier?

Ja, ein Schwamm ist ein Tier, wenn er sich auch sehr von anderen Tieren unterscheidet. Er besitzt kein Nervensystem und keine Muskeln, mit deren Hilfe er sich fortbewegen könnte. Stattdessen ist der Schwamm eine Ansammlung einzelner Zellen, die sich zu einem einzigen Körper organisiert und am Meeresboden verankert haben.

Einfache Tiere

Woraus besteht eine Koralle?

Korallen bestehen aus den winzigen Kalk-„Skeletten" einzelner Tiere, die man *Korallenpolypen* nennt. Wenn die Polypen heranwachsen, stoßen sie Fasern aus, aus denen ein anderer Polyp entsteht, der seinen Erzeuger unter sich begräbt. Dieser Prozess, den man *Knospung* nennt, hört niemals auf, so dass sich im Laufe der Zeit große Korallengebilde entwickeln können. Die Form dieser Gebilde ist von Korallenart zu Korallenart verschieden, da jede ihr eigenes charakteristisches Knospungsmuster hat.

Zwei Arten von Quallen. Ihre langen Tentakeln enthalten starke Gifte.

Wie schwimmen Quallen?

Quallen sind durchsichtige, in der Regel glockenförmige Tiere, die mit Hilfe einer Art „Düsenantrieb" schwimmen. Sie stoßen durchs Wasser, indem sie ihre „Mittelglocke" abwechselnd öffnen und schließen. Dadurch wird nach hinten ein Wasserstrahl herausgedrückt, der die Qualle vorwärts schießen lässt.

Was ist ein Wasserbär?

Ein mikroskopisch kleines Tier, das zu den Wirbellosen zählt, jedoch in keine der bekannten Gruppen von Tieren passt. Wasserbären werden so genannt, weil sie einen wurstförmigen Körper, kräftige Beine und einen Kopf mit einer spitzen „Schnauze" haben, ähnlich wie ein mikroskopisch kleiner Bär oder ein winziges Schwein. Man nimmt an, dass sie mit den Insekten verwandt sind, obwohl sie keine Flügel haben und die meisten von ihnen viel kleiner sind als die meisten Insekten. Wasserbären findet man oft in Abflussrohren und Rinnsteinen oder an der Oberfläche von Moorpflanzen.

Was ist eine Hydra?

Eine Hydra ist ein winziges zylinderförmiges Süßwassertier, das mit dem einen Ende an einer Wasserpflanze oder Geröll verankert ist und am anderen Ende ein Feld stechender Tentakeln besitzt. Die Hydra lebt in Flüssen und Tümpeln und vermehrt sich durch Knospung. Wenn die Bedingungen günstig sind, bildet sich an der Mutterhydra eine Ausbuchtung, die sich schließlich ablöst und zu einer neuen Hydra wird.

Wie fangen Seeanemonen ihre Beute?

Seeanemonen, die oftmals mit Pflanzen verwechselt werden, sind fest angewachsene Tiere und bei ihrem Beutefang auf den Zufall angewiesen. Alle Lebewesen, sogar ziemlich große Fische, die zufälligerweise die wedelnden Tentakeln einer Seeanemone streifen, werden sofort durch starke Nesselzellen gelähmt und dann in den sackartigen Magen der Seeanemone gezogen.

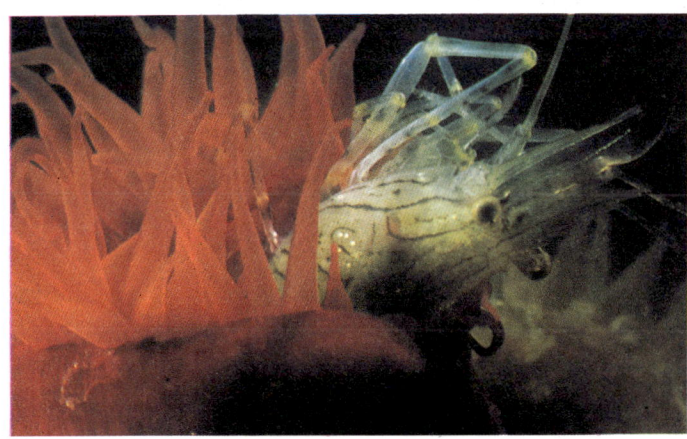

Eine Anemone lähmt ihre Beute mit Nesseltentakeln.

Worin unterscheidet sich eine Portugiesische Galeere von einer echten Qualle?

Die Portugiesische Galeere ist eine *Kolonie von Quallen*. Jede Galeere besteht aus Tausenden von Einzeltieren, die sich zusammen wie ein einziger Organismus verhalten. Jedes einzelne Tier in der Kolonie hat seine besondere Aufgabe: Einige kümmern sich um die Nahrung, einige ums Schwimmen und wieder andere um die Fortpflanzung. Die Portugiesische Qualle wirkt beeindruckend und ist gefährlich. Sie zieht extrem lange Tentakeln hinter sich her, die mit giftigen Stacheln bewehrt sind, die jeden Fisch lähmen, der sie berührt.

Portugiesische Galeere

Welches Tier mag Quallenstacheln?

Die Meeresnacktschnecke. Sie nimmt die Nesselzellen der Qualle und setzt sie auf die Tentakeln an ihrem eigenen Rücken. Dort verleihen die Nesselzellen der Meeresnacktschnecke denselben Schutz wie ihrer ursprünglichen Besitzerin.

Meeresnackt-schnecke

Sind alle Korallen hart?

Nein, einige Korallen sind weich und biegsam; ihr Körper enthält sehr wenig Kalk. Viele bilden sich zu seltsamen Formen aus, die sich auf dem Meeresboden hin- und herwiegen wie exotische Pflanzen.

Korallenriff

Wo kommen Korallenriffe vor?

Damit Korallenriffe gedeihen können, müssen ganz bestimmte Bedingungen erfüllt sein. Da Korallenpolypen auf Algen angewiesen sind, können Korallen nur in Gewässern gedeihen, die so hell und warm sind, dass dort Algen wachsen können. Algen wiederum benötigen, weil sie Pflanzen sind, Sonnenlicht und Wärme. Das heißt, das Wasser muss klar sein, nicht tiefer als 50 Meter (da sonst nicht genügend Sonnenlicht vorhanden ist) und über 20 °C warm. Nur dann gedeihen Algen und in der Folge Korallenriffe.

Kann man eine Seestachelbeere essen?

Eine Seestachelbeere ist ein Meerestier, das einer Qualle ähnelt – sie ist nicht sehr wohlschmeckend, es sei denn, du magst Quallen. Ihr durchsichtiger, stachelbeerähnlicher Körper besitzt ein Paar langer, herunterhängender Tentakeln, mit deren Hilfe sie kleine Tiere fängt und lähmt.

Wie vermehren sich Quallen?

Quallen vermehren sich, indem sie Spermien und Eier ins Meer ausstoßen. Das befruchtete Ei lässt sich am Meeresboden nieder und wächst zu einem Lebewesen heran, das einer Seeanemone ähnelt und Polyp genannt wird. Aus diesem Polypen sprießen zunächst weitere Polypen, aber schließlich treibt er andere Knospen, aus denen winzige Quallen entstehen, die davonzappeln.

Würmer und Saugwürmer

Gemeiner Plattwurm

Worin besteht der Unterschied zwischen einem Plattwurm und einem Saugwurm?

Auf den ersten Blick sehen Plattwürmer und Saugwürmer recht ähnlich aus – beide sind klein, haben einen flachen, weichen Körper, und leben im Wasser oder in feuchter Umgebung. Plattwürmer jedoch leben in erster Linie auf dem Meeresboden oder auf dem Grund von Seen und Flüssen und schwimmen frei umher, während Saugwürmer Parasiten sind, die einen Großteil ihres Lebens im Körper anderer Tiere verbringen (oftmals in Fischen und Säugetieren).

Warum muss Schweinefleisch sehr gründlich gegart werden?

Der Schweinebandwurm ist ein Parasit, der im menschlichen Darm gedeihen kann, dort Nährstoffe aufnimmt und für Auszehrung sorgt. Seine Eier werden mit dem menschlichen Kot ausgeschieden. Wenn die Eier dann in Dünger und schließlich ins Schweinefutter gelangen, schlüpfen sie im Darm des Schweins aus und wandern in dessen Muskelgewebe. Wenn das Schweinefleisch vor dem Verzehr nicht gründlich gegart wird (wodurch die Bandwürmer getötet werden), wird erneut jemand mit dem Bandwurm infiziert.

Stimmt es, dass aus einem durchtrennten Regenwurm zwei neue entstehen?

Nein. Zwar wächst an der vorderen Hälfte ein neuer Schwanz, doch kann an der hinteren Hälfte kein neuer Kopf entstehen. Andere einfachere Tiere können beide Hälften regenerieren.

Gemeiner Regenwurm

Wie lang kann ein Bandwurm werden?

Ein Schweinebandwurm kann eine Länge von über vier Metern erreichen, während ein Walbandwurm bis zu 30 Meter lang werden kann! Sein einfacher Körper besteht aus einer Folge von identischen, fortpflanzungsfähigen Segmenten (Abschnitten), die mit einem saugnapfähnlichen Kopf verbunden sind, mit dem sich der Bandwurm an der Darmwand des Wirts festklammert.

Welcher Blutsaugwurm infiziert Millionen von Menschen?

Schistosoma ist ein Blutsaugwurm, der in Afrika und Südasien verbreitet ist. Reisfelder sind bevorzugte Brutstätten dieses im Wasser lebenden Saugwurms, der einen Teil seines Lebens in Süßwasserschnecken zubringt. Die aus der Schnecke ausbrechenden Larven bohren sich in die Haut des Menschen, dringen in die Blutgefäße des Darms ein und verursachen schwere Krankheiten (Bilharziose).

Kopf

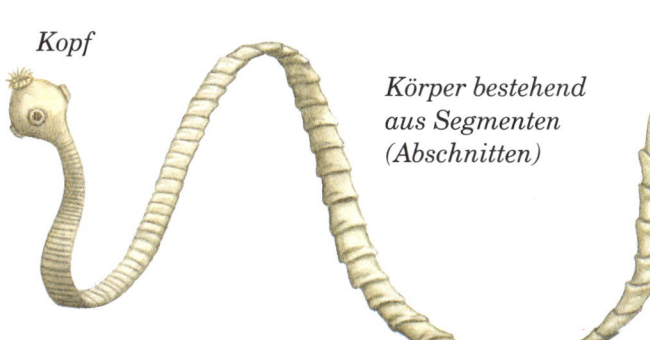

Körper bestehend aus Segmenten (Abschnitten)

Der Schweinebandwurm kann im menschlichen Darm bis zu 4 Meter lang werden.

Wie viele Eier kann ein Fischsaugwurm während seines Lebens produzieren?

Ein zehn Jahre alter Fischsaugwurm produziert in seinem Leben sage und schreibe zweitausend Millionen Eier. Beim Heranreifen wird jedes einzelne Segment des Saugwurms zu einem „Eiersack", der sich dann löst und den Darm des Fisches verlässt. Da der Lebenszyklus eines Saugwurms so kompliziert ist, muss er riesige Mengen von Eiern produzieren, um sicherzustellen, dass wenigstens ein paar Nachkömmlinge überleben.

Kann man einen weiblichen von einem männlichen Regenwurm unterscheiden?

Man kann es nicht. Regenwürmer haben gleichzeitig männliche und weibliche Geschlechtsorgane. Wenn sich ein Regenwurmpärchen paart, tauscht es Samen aus und lagert sie in speziellen Organen ab. Später befruchtet der Same die Eier in einem Kokon, der vom Sattel oder Gürtel einer drüsigen Hautverdickung im vorderen Drittel des Körpers produziert wird.

Der Medizinische Blutegel wird zuweilen heute noch eingesetzt, um „Gifte" aus dem Körper zu saugen.

Wie groß ist ein Riesenregenwurm?

Verglichen mit einem Regenwurm im Garten ist er riesengroß! Der größte Regenwurm der Welt, der Südafrikanische Riesenregenwurm, kann eine Länge von bis zu sieben Metern erreichen und einen Durchmesser von zwei oder drei Zentimetern.

Wie werden Blutegel von Ärzten eingesetzt?

Blutegel sind eine Wurmart, die das Blut von Tieren (und des Menschen) trinken. Sie saugen sich mit Saugnäpfen fest und ritzen die Haut mit winzigen, scharfen Zähnen auf. Da sie das Zehnfache ihres Eigengewichts an Blut aufnehmen können, wurden und werden sie zum Aderlass eingesetzt.

Was ist ein Tubifex?

Ein dünner, roter Wurm, der im dicken Schlamm am Grund von Bächen und Flüssen lebt. Wer ein Aquarium hat, kennt diese Würmer wahrscheinlich, da man sie als lebende Fischnahrung kaufen kann.

Riesenregenwurm

Schalentiere

Was ist eine Molluske?

Eine Molluske ist ein Tier, dessen weicher Körper von einem Gewebe umhüllt ist, das man *Mantel* nennt. Der Mantel scheidet in vielen Fällen eine Schale ab, die, wie etwa bei Napfschnecken, außerhalb des Körpers oder, wie beim Tintenfisch, im Inneren des Körpers liegen kann. Einige Mollusken (wie etwa der Krake) haben allerdings überhaupt keine Schale.

Warum glänzt eine Kaurischnecke und warum ist sie auch an der Außenseite gemustert?

Die Schalen aller Mollusken werden vom *Mantel* aufgebaut, der schützenden Hautfalte, die ihre weichen Körper bedeckt. Da die Kaurischnecke in der Lage ist, ihren Mantel wie einen Umhang über ihre Schale zu ziehen, kann sie von beiden Seiten Schale ablagern, wodurch die Außenseite ebenso glänzend und schön wird wie die Innenseite.

Was ist eine Bivalvia?

Eine Bivalvia ist eine Molluske, deren Schale in zwei Hälften geteilt ist. Die beiden Hälften sind über ein Muskelscharnier miteinander verbunden, an dem auch der Hauptteil des Tierkörpers angeordnet ist. Bivalvien sind in erster Linie Filterfresser und können sich nur in sehr beschränktem Umfang fortbewegen. Einige Bivalvien, und darunter besonders die Kammmuscheln, haben dagegen „Schwimmgewohnheiten" entwickelt, um ihren Feinden zu entkommen. Sie stoßen einen Wasserstrahl aus, wenn sie ihre beiden Muschelhälften zuklappen; das treibt sie durch das Wasser vorwärts.

Wie tötet die Tropische Kegelschnecke ihre Beute?

Die Kegelschnecke ist eine einschalige Molluske, die ihre Zunge in einer genialen Weise für das Fangen von Beute entwickelt hat. An der Zunge befinden sich lange Zähne, die ein Gift enthalten, das stark genug ist, um einen Menschen zu töten. Wenn eine geeignete Beute nahe genug herankommt, setzt die Kegelschnecke ihre Zunge als Schusswaffe ein, mit der sie giftige Pfeile abfeuert. Das gelähmte Opfer wird zum Schneckenhaus gezogen und langsam verschlungen.

Worin unterscheiden sich die Eier einer Gartenschnecke von denen einer Wegschnecke?

Die Eier der Gartenschnecke besitzen eine kalziumhaltige Schale und sind so weitgehend vor dem Vollsaugen mit Wasser oder dem Austrocknen geschützt. Wegschneckeneier besitzen dagegen keine solche Schale und müssen deshalb an einem sehr feuchten Platz (z. B. unter einem verfaulenden Baumstamm) abgelegt werden, damit sie sich entwickeln können.

Wie sehen Chitonschnecken aus?

Chitonschnecken sind insofern ungewöhnlich, als sie aus einer Reihe von acht getrennten Platten bestehen und nicht aus einer einzigen Schale. Die auch „Panzerschnecken" genannten kleinen flachen Lebewesen findet man an Felsküsten, wo sie sich an Steinen und anderen harten Oberflächen festklammern. Wenn man sie vom Felsen ablöst, rollen sie sich zu einer Kugel zusammen, um ihren weichen Körper zu schützen.

Wie schwimmt ein Nautilus?

Der Nautilus ist ein urtümlicher Tintenfisch mit einem Schneckengehäuse, das aus einzelnen Kammern besteht, in denen Stickstoff enthalten ist. Das gibt ihm Auftrieb. Durch das Ausstoßen eines Wasserstrahls bewegt er sich vorwärts. Wenn der Nautilus heranwächst, bildet sich eine weitere Gasblase in der Schale, die die Gewichtszunahme ausgleicht.

Nautilus

Kraken und Tintenfische

Worin besteht der Unterschied zwischen einem Kraken und einem Tintenfisch?

Ein Krake ist eine achtarmige Molluske, die ihre Schale aufgegeben hat. Ein Tintenfisch besitzt zehn Arme (von denen zwei länger sind als die anderen) und eine reduzierte innere Schale, den so genannten *Schulp*. Der Körper eines Tintenfisches ist zylindrisch oder spitz zulaufend, während der Krake einen sackähnlichen Körper besitzt. Beide besitzen überaus gute Augen und bedienen sich des „Düsenantriebs" zur Fortbewegung , wobei der Tintenfisch der bessere Schwimmer ist.

Wie groß ist ein Riesentintenfisch?

Tintenfische können riesengroß werden. Einige erreichen eine Länge von 15 Metern oder mehr, mit Augen von 30 Zentimetern Durchmesser. Möglicherweise gibt es noch größere Tintenfische, denn man hat Pottwale gefunden mit großen Narben an der Schnauze, die vom Kampf mit riesigen Exemplaren zeugten. Pottwale machen Jagd auf Tintenfische.

Wie beschützt der Australische Blauringkrake seine Eier?

Der Australische Blauringkrake ist eines der wenigen Tiere, deren Gift auch in den Eiern enthalten ist. Selbst wenn es einem Räuber gelingt, der tödlichen Injektion des Muttertiers zu entgehen, fällt er dem in den Eiern gespeicherten Gift zum Opfer. Die heranwachsenden jungen Kraken erben von ihren Eltern natürliche Immunität (Unempfindlichkeit) gegen das Gift.

Welche Besonderheit haben die Augen eines Tintenfisches?

Abgesehen von ihrer erstaunlichen Größe, sind die Augen eines Tintenfisches sehr kompliziert und den menschlichen Augen in mancherlei Hinsicht überlegen. Tintenfische können viel schärfer sehen als wir, aber sie fassen Objekte auf eine ganz andere Art und Weise ins Auge. Statt wie wir die Form der Linse verändern, verändern sie den Abstand zwischen Linse und Netzhaut. Tintenfische haben zumeist sehr große Gehirne, um die visuellen Informationen verarbeiten zu können, und sie besitzen sehr schnelle Reflexe.

Wie fängt ein Krake seine Beute?

Der Krake macht bei der Jagd nach Beute sehr geschickt Gebrauch von seinen acht langen Armen. Er stürzt sich auf seine Beute (in der Regel Krebse und Hummer) und benutzt die Tentakeln, um das Opfer in tödlicher Umklammerung zu seiner einem Schnabel ähnlichen Mundöffnung zu führen.

Riesentintenfische sind die größten wirbellosen Tiere der Welt.

Echinodermen

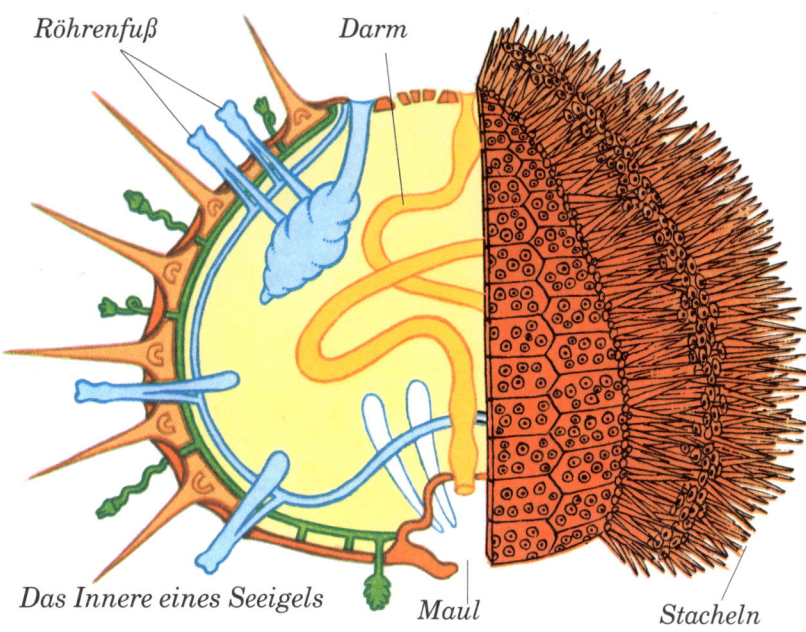

Röhrenfuß *Darm*

Das Innere eines Seeigels *Maul* *Stacheln*

Was sind Echinodermen?

Echinodermen sind eine Gruppe stachelhäutiger Tiere, zu denen Arten wie der Seestern, der Seeigel, der Schlangenstern und der Federstern gehören. Sie sind im Allgemeinen symmetrisch aufgebaut und besitzen jedes ihrer Organe in fünffacher Ausführung. So haben beispielsweise Seesterne in der Regel fünf Arme, manche können aber sogar bis zu 50 Arme haben.

Ist eine Seegurke eine Pflanze?

Wegen ihres weichen zylindrischen Körpers werden Seegurken oft mit exotischen Meerespflanzen verwechselt, dabei sind sie in Wirklichkeit mit dem Seestern verwandte Tiere, die sich seitlich auf dem Meeresboden vorwärtsbewegen. Das an einem Körperende gelegene Maul ist ringförmig von einem Ring von Tentakeln umgeben, mit denen sie Nahrung, vor allem Faulstoffe und Plankton, aufnehmen.

Kann sich ein Seestern selbst wieder aufrichten, wenn man ihn umgedreht hat?

Wenn man einen Seestern auf den Rücken legt, dreht er sich aus eigener Kraft wieder in seine normale Position, indem er einen der Arme umbiegt und sich damit aufstützt. Wenn er festen Halt gefunden hat, faltet sich der Seestern zusammen und schwingt sich langsam wieder in seine normale Position.

Seestern, Seegurke und Seeigel

Wie bewegt sich ein Seeigel am Meeresboden fort?

Ein Seeigel bewegt sich mit Hilfe seiner Stacheln und der Röhrenfüßchen fort, die in fünf Reihen von oben nach unten an seinem Körper sitzen. Die Röhrenfüßchen münden in winzige Saugnäpfe, die sich an jeder festen Oberfläche festhalten können, mit der der Seeigel in Kontakt kommt. Durch Ausstrecken und Einziehen dieser winzigen Saugnäpfe kann sich der Seeigel erstaunlich schnell auch über schwieriges Terrain fortbewegen.

Wie verteidigt sich eine Seegurke?

Die Seegurke hat eine höchst erstaunliche Art und Weise der Selbstverteidigung. Wenn sie überrascht oder bedroht wird, stößt sie einfach alle ihre inneren Organe durch den After aus, wodurch sich der Angreifer in einer ekligen Masse aus verhedderten Schläuchen wiederfindet und oft auch verfängt. Die Seegurke kriecht derweil auf den Röhrenfüßchen (die an der Seite verlaufen) davon und regeneriert ihre Innereien im Laufe von zwei oder drei Wochen.

Was ist ein Schlangenstern?

Manchmal findet man Schlangensterne, die an den Strand gespült wurden. Man erkennt sie leicht an den fünf langen, wogenden Armen, die von dem kleinen scheibenförmigen Körper ausgehen. Aber Vorsicht! Die zarten Arme zerbrechen unter dem geringsten Druck.

INSEKTEN

Was ist ein Insekt?

Bei Insekten denken die meisten Menschen an kleine Lebewesen, die umherschwirren oder auf vielen Beinen herumkrabbeln. Diese Beschreibung ist jedoch nicht sehr genau. Alle Insekten – ob Schmetterlinge, Nachtfalter, Ameisen, Fliegen, Heuschrecken oder Silberfische – haben bestimmte gemeinsame Merkmale. Jedes Insekt hat drei Beinpaare und einen dreigeteilten Körper: Diese Teile sind der Kopf, die Brust und der Hinterleib. Am Kopf sitzen ein Paar Antennen oder Fühler, ein Paar *Facettenaugen*, in der Regel drei kleine *einfache* Augen und ein Satz Fresswerkzeuge, die mit seitlicher und nicht mit Auf- und Abbewegung arbeiten. Die meisten, wenn auch nicht alle Insekten besitzen dazu noch Flügel.

Wie atmet ein Insekt?

Insekten atmen mit Hilfe eines Systems von Röhren, die die Luft durch winzige *Atemlöcher* an der Brust und am Hinterleib aufnehmen. Im Körperinneren verzweigen sich die Röhren, die man *Tracheen* nennt, sehr schnell und münden in die Muskeln. In der Regel tritt durch die Tracheen Sauerstoff in das Gewebe ein und Kohlendioxid aus. Größere Insekten wie Bienen und Wespen besitzen in den Muskeln Luftsäcke, die beim Ausdehnen und Zusammenziehen der Muskeln zusätzlich Luft aufnehmen können.

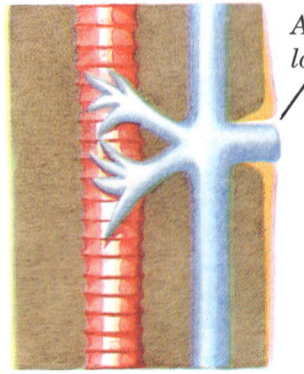

Muskel

Atem- loch

Insekten haben keine Lungen. Luft tritt direkt in die Muskeln ein.

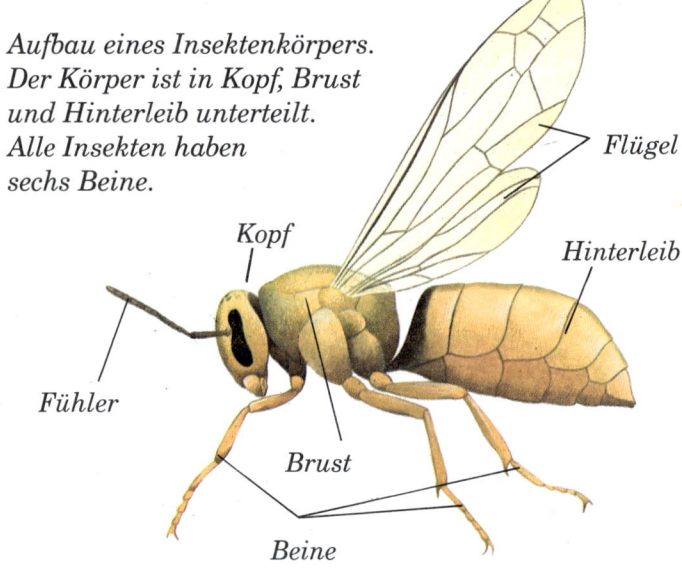

Aufbau eines Insektenkörpers. Der Körper ist in Kopf, Brust und Hinterleib unterteilt. Alle Insekten haben sechs Beine.

Flügel

Kopf

Hinterleib

Fühler

Brust

Beine

Wie funktionieren Facettenaugen?

Das Auge eines Insekts ist kein einzelnes Organ wie das Auge eines Säugetiers, sondern eine Ansammlung vieler winziger, voneinander getrennter „Augen". Die Bilder all dieser Linsen zusammen ergeben ein mosaikartiges Bild der Umgebung. Obwohl dieses Bild nicht mit den scharfen Bildern zu vergleichen ist, die wir Menschen sehen, kann ein Insekt anhand dieser Bilder trotzdem die leiseste Bewegung erkennen. Bei vielen Insekten, wie zum Beispiel der Libelle, nehmen die Augen den Großteil des Kopfes ein, so dass die Tiere jeden Räuber erspähen können, ganz gleich aus welchem Winkel er angreift. Das ist auch der Grund, weshalb man Fliegen so schwer erwischt.

Wie viele Insektenarten gibt es auf der Welt?

Bis heute kennt man rund 775 000 Insektenarten, die alle Lebensräume der Erde besiedeln. Etwa 28 000 Arten kommen in Europa vor.

Können Insekten in Farbe sehen?

Honigbienen und Schmetterlinge können es sicher; mit dieser Fähigkeit erkennen sie die verschiedenen Blüten. Zwar können Honigbienen kein Rot erkennen, aber diese Schwäche wird durch die Fähigkeit ausgeglichen, die für uns Menschen unsichtbare ultraviolette „Farbe" wahrzunehmen. Schmetterlinge bedienen sich darüber hinaus der Farbsichtigkeit, um während der Paarungszeit mögliche Partner zu erkennen.

Welche Funktion haben die einfachen Augen eines Insekts?

Bis heute weiß niemand genau, welche Aufgabe die drei einfachen Augen am Kopf haben. Bei einigen Arten, z. B. den Käfern, fehlen sie ganz, bei anderen, wie den Nachtfaltern und Bienen, sind sie durch Schuppen oder Haare verdeckt. Bei Libellen wiederum sind die einfachen Augen vorhanden, doch gerade sie verfügen über hervorragende Facettenaugen, weshalb um so weniger ersichtlich ist, welche Aufgabe die einfachen Augen haben. Manche Wissenschaftler vermuten, dass sie zur Stimulierung der Facettenaugen dienen und eine schnellere Anpassung an Veränderungen der Helligkeit ermöglichen.

Was ist eine Metamorphose?

Metamorphose (= Verwandlung) ist der Name, den man den verschiedenen Stadien gegeben hat, die ein Insekt im Zuge seiner Entwicklung vom Ei bis zum ausgewachsenen Tier durchläuft. Es gibt zwei Arten von Metamorphosen: Manche Insekten, wie die Heuschrecke, durchlaufen drei Stadien, bei denen sie einem ausgewachsenen Tier immer ähnlicher werden. Man nennt das eine unvollkommene Metamorphose. Eine vollkommene Metamorphose, wie sie etwa der Schmetterling durchläuft, umfasst vier Stadien: Ei, Larve, Puppe und Erwachsenenstadium. Dabei sieht das Tier in jedem Stadium völlig anders aus.

Die vier Stadien einer Metamorphose:
1. Ei, 2. Larve, 3. Puppe und 4. Erwachsenenstadium.

Was ist ein Exoskelett?

Ein Exoskelett ist das harte Außengehäuse, das den Körper eines Insekts umgibt und seine weichen, inneren Organe schützt. Anders als Vögel und Säugetiere besitzen Insekten kein Innenskelett und sind hinsichtlich Festigkeit und Muskelunterstützung auf das Exoskelett angewiesen.

Was sind die Hauptnachteile eines Exoskeletts?

Wegen seiner steifen Struktur dehnt sich das Exoskelett nur schwer aus. Wenn das Insekt wächst, muss es sich häuten, d.h. sein Außengehäuse abwerfen und sich ein neues wachsen lassen. Während dieser Häutung ist das Tier schutzlos den Angriffen von Räubern ausgesetzt. Ein weiterer Nachteil des Exoskeletts besteht darin, dass es um so schwerer ist, je größer das Tier wird. Daher sind Insekten eher klein, denn mit einem leichten Exoskelett können sie sich besser bewegen.

Durchlaufen alle Insekten eine Metamorphose?

Nein. Insekten wie Borstenschwänze, Silberfische und Springschwänze entwickeln sich ohne Metamorphose. Das junge Insekt sieht im Grunde genauso aus wie das erwachsene, mit dem einzigen Unterschied, dass es kleiner ist, mitunter weniger Segmente (Abschnitte) besitzt und noch nicht fortpflanzungsfähig ist. Beim Heranwachsen wirft es seine Haut ab und ersetzt sie durch eine neue, die groß genug für den gewachsenen Körper ist.

Können sich Insekten ohne Paarung fortpflanzen?

Eine ganze Reihe von Insektenarten kann sich ohne Paarung fortpflanzen. Die bekannteste Art sind die Blattläuse. Während des Sommers produzieren die erwachsenen Weibchen pro Tag bis zu 25 neue Weibchen aus unbefruchteten Eiern. Der Grund für diesen *Parthenogenese* genannten Prozess ist noch nicht vollständig geklärt.

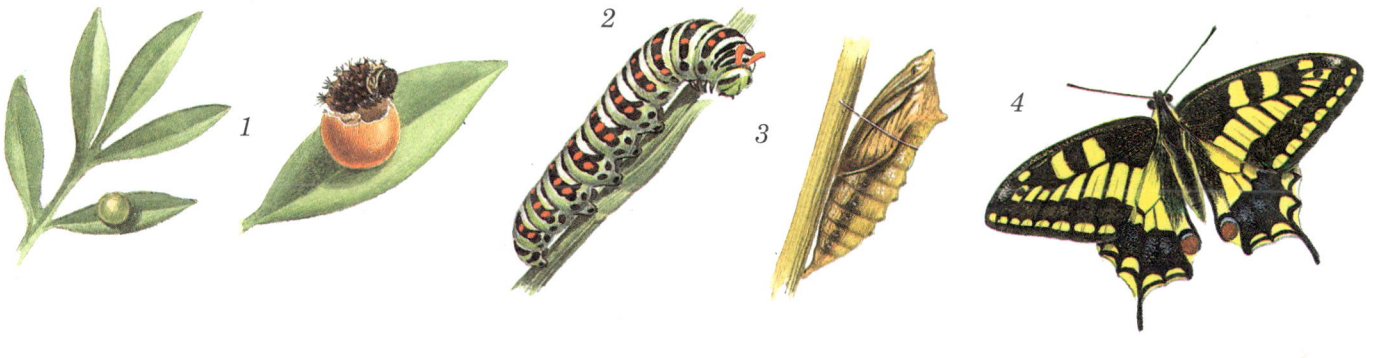

Springschwänze, Borstenschwänze

Zwei Borstenschwänze: ein Silberfischchen (links) und ein Ofenfischchen.

Was sind Springschwänze und Borstenschwänze?

Springschwänze und Borstenschwänze sind kleine, flügellose Insekten, die überall auf der Erde in riesiger Anzahl vorkommen. Springschwänze sind in der Regel unscheinbare, am Boden lebende Tiere mit sprungfederähnlichen Schwänzen. Damit vollführen sie Sprünge von mehreren Zentimetern. Borstenschwänze besitzen dagegen einen weichen, spitz zulaufenden Körper, lange Antennen und lange, schmale Schwanzfühler. Sie leben vor allem auf verrottenden Pflanzen.

Welche Insektenart kommt auf der Erde am häufigsten vor?

Springschwänze sind die Tierart, die auf der Erde am zahlreichsten ist: Man schätzt, dass auf einem etwa 4000 m² großen Stück Wiese sage und schreibe 250 Millionen Springschwänze leben. Die Springschwänze haben jeden Winkel der Erde erobert, von den gefrorenen Einöden der Antarktis bis zu den höchsten Berggipfeln.

Springschwänze: die am weitesten verbreiteten Insekten der Welt.

Welches kleine silbrige Insekt trifft man zuweilen in Küche und Bad?

Das Silberfischchen, ein Mitglied der Borstenschwanzfamilie, besitzt einen glänzenden, spitz zulaufenden Körper, der mit Schuppen bedeckt ist, die sich leicht ablösen. Es bevorzugt Feuchträume wie Küche und Bad, wo es ein Leben im Verborgenen führt, denn es ist nachtaktiv. Helles Licht scheut es – daher auch seine hastige Flucht, wenn der Lichtschalter betätigt wird.

Wie vermehren sich Silberfischchen?

Eine Besonderheit der Silberfischchen ist, dass sie zur Geschlechtsreife gelangen, bevor sie voll ausgewachsen sind. Während andere, höher entwickelte Insekten sich erst nach ihrer letzten Häutung paaren können, hören Silberfischchen während ihres erstaunlich langen Lebens vor mehreren Jahren nie auf, sich zu häuten und fortzupflanzen. Während des Paarungsrituals führt das Männchen einen Tanz auf und setzt dann ein winziges Spermienpaket am Boden ab. Dieses nimmt das Weibchen mit seinem Unterleib auf, worin dann die Eier befruchtet werden.

Welches Insekt sucht gezielt warme, häusliche Plätze auf?

Das Ofenfischchen bevorzugt warme, ja sogar heiße Plätze und kann mitunter in Bäckereien bei Temperaturen beobachtet werden, die andere Insekten normalerweise abschrecken würden. Diese Vorliebe für Wärme deutet darauf hin, dass das Ofenfischchen aus heißen, trockenen Ländern stammt.

Libellen

Worin besteht der Unterschied zwischen einer Libelle und einer Jungfernfliege?

Libellen und Jungfernfliegen sind beide leuchtend gefärbte Insekten, die sich vorzugsweise an Süßgewässern aufhalten. Während Libellen ihre Flügel im Sitzen waagerecht ausbreiten, falten Jungfernfliegen die beiden Flügelpaare übereinander schräg nach hinten. Jungfernfliegen besitzen in der Regel einen kleinen, schlanken Körper und sind recht unsichere Flieger, wogegen die Libellen für ihren kraftvollen und schnurgeraden Flug bekannt sind.

Jungfernfliege

Welches Insekt lebt in seiner ausgewachsenen Form nur einen Tag?

Eintagsfliegen brauchen zuweilen bis zu drei Jahre, um ihren Lebenszyklus zu vollenden. In ihrer ausgewachsenen Form leben sie jedoch nur wenige Stunden, in denen sie ausschließlich mit der Paarung und dem Legen von Eiern beschäftigt ist.

In welchem Stadium ihres Lebens unterscheidet sich die Eintagsfliege von allen anderen Insekten?

Das geflügelte Insekt, das sichtbar wird, wenn die Eintagsfliegennymphe aus dem Wasser krabbelt, ist noch nicht das erwachsene Tier. Nach diesem Subimago genannten Stadium häutet sich die Eintagsfliege nochmals, und erst jetzt kommt der glänzende Körper des fertig entwickelten Tieres oder Imago zum Vorschein. Eintagsfliegen sind die einzigen Insekten, bei denen man dieses subimaginale Stadium beobachtet hat.

Wozu dient der Libelle die Fangmaske??

Die langen stacheligen Beine einer Libelle liegen während des Fluges für gewöhnlich eng am Körper an, so dass sie nur geringen Luftwiderstand bieten. Sobald die Libelle jedoch eine Beute erspäht, streckt sie die Beine in Form eines nach vorn offenen Korbes aus, um ihr Opfer darin zu fangen.

Wie fängt die Libellennymphe ihre Beute?

Die Libellennymphe ist ein wilder Räuber, der am Grund von Seen und Tümpeln lebt. Sie fängt ihre Beute mit Hilfe einer Maske – eine Besonderheit, die nur Libellen und Jungfernfliegen besitzen. Diese Maske besteht aus einer beträchtlich vergrößerten Unterlippe, die mit einem Paar scharfer Klauen bewehrt ist. Die Fangmaske schießt hervor, sobald sich irgendein kleines Tier nähert. Im Ruhezustand ist die Maske unter dem Kopf zusammengefaltet.

Libellennymphe

Eintagsfliege

Warum hält man manche Jungfernfliegen für „Gespenster"?

Im tropischen Amerika sind die größten Jungfernfliegen größer als die größten Libellen, mit 12 Zentimeter langen Körpern und einer Flügelspannweite von 17 Zentimetern. Wenn sie in der Dämmerung fliegen, sieht man nur die farbigen Spitzen ihrer durchsichtigen Flügel. Das sieht ziemlich gespenstisch aus und lässt einige Eingeborenenstämme glauben, dass es sich dabei um die „Geister der Verstorbenen" handelt.

Gespenstheuschrecken

Gespenstheuschrecke (oben), Laubheuschrecke

Welches ist das längste Insekt der Welt?

Die indonesische Riesen-Gespenstheuschrecke, die bis zu 32 Zentimeter lang werden kann, ist das längste lebende Insekt.

Woher haben Gespenst- und Laubheuschrecken ihren Namen?

Man kann sich leicht denken, woher Gespenst- und Laubheuschrecken ihre Namen haben. Diese seltsamen Insekten leben in den tropischen Regionen Asiens und sind wahre Tarnungsexperten. Vor einem Hintergrund aus Zweigen, Blättern und Ästen können sie sich praktisch unsichtbar machen. Tagsüber ruhen sie bewegungslos, wobei der lange, zweigähnliche Körper mit den sie umgebenden Zweigen völlig verschmilzt. Erst in der Nacht gehen sie auf Nahrungssuche. Sogar die Eier sind getarnt und sehen wie die Samen der Pflanzen aus, auf denen die Tiere leben.

Wie ändern die Gespenstheuschrecken ihre Farbe?

Gespenstheuschrecken haben in der Regel eine grünliche oder bräunliche Farbe. Die rein grünen Exemplare können ihre Farbe nicht verändern, wogegen die braunen Formen ihre Farbe häufig wechseln: Am Tag sind sie hell und bei Nacht dunkel. Die Ursache hierfür ist die Bewegung brauner Pigmentkörnchen in den Hautzellen der Tiere. Die braunen Pigmente bewegen sich an die Oberfläche und verteilen sich, wenn es dämmert, wodurch das Tier eine dunklere Farbe zu haben scheint. Am Tag bewegen sich die Pigmente in Richtung des Zellinneren und bilden Klumpen – das Tier sieht blass aus.

Gespenstheuschrecken passen sich perfekt den Zweigen an.

Warum ist fast jede Gespenstheuschrecke ein Weibchen?

Gespenstheuschrecken können sich, ähnlich wie Blattläuse, ohne Paarung fortpflanzen. Da das Ei nicht befruchtet zu werden braucht, ist bei vielen Gespenstheuschreckenarten das Männchen entweder unbekannt oder überflüssig. Das Weibchen legt die Eier einzeln ab, indem es sie einfach auf den Waldboden fallen lässt. In manchen nordamerikanischen Wäldern verursachen die von Gespenstheuschrecken fallen gelassenen Eier zuweilen ein so lautes Geräusch, als würde es regnen.

Warum geben Gespenstheuschrecken gute Haustiere ab?

Gespenstheuschrecken sind wahrscheinlich das am häufigsten als Haustier gehaltene Insekt. Sie bewegen sich langsam, sind leicht zu züchten und können mit Efeu-, Liguster- oder Fliederblättern gefüttert werden. Allerdings müssen die Insekten bei konstant warmer Temperatur gehalten werden, da sie sonst die kalten nordeuropäischen Winter nicht überleben.

Schaben, Gottesanbeterinnen

Was haben Schaben und Gottesanbeterinnen gemeinsam?

Hausschabe

Gottesanbeterin

Die Flügel beider Insektenarten sind sich so ähnlich, dass Wissenschaftler sie derselben Art *(Dictyoptera)* zugeordnet haben. Beide Arten besitzen dicke, lederartige Vorderflügel und breite, zarte Hinterflügel. Zum Fliegen benutzen sie nur die Vorderflügel, während die Hinterflügel wie ein Fächer unter die schützenden Vorderflügeln gefaltet werden. Beide Insektenarten legen ihre Eier in kleinen Behältern ab, die einer Mini-Handtasche ähneln.

Warum werden Schaben als Schädlinge betrachtet?

Eine bei Nacht verstohlen über den Küchenboden huschende und herumstöbernde Schabe ist ein höchst unerfreulicher Anblick. Schaben verderben mit ihren Exkrementen mehr Nahrungsmittel als sie wirklich fressen und verbreiten darüber hinaus noch einen unangenehmen Geruch. Wenn sie in Schmutz leben, können sie Krankheitserreger übertragen. Sie halten sich vorzugsweise an warmen Orten auf, wo sie sich enorm schnell vermehren können.

Warum nennt man Schaben manchmal auch antike Insekten?

Wenn man Schaben als antike Insekten bezeichnet, so tut man dies in Anbetracht ihres evolutionären Musters: Sie sind nicht besonders spezialisiert, sie fressen praktisch alles und können sich bei Gefahr in die kleinsten Ritzen verkriechen. Man hat versteinerte Schaben gefunden, die den heutigen Tieren sehr ähnlich sind und deren Alter auf 300 Millionen Jahren geschätzt wurde. Aus der Tatsache, dass es schon damals so viele Formen von Schaben gab und dass sie so weit verbreitet waren, kann man schließen, dass es Schaben seit mindestens 400 Millionen Jahren geben muss.

Sind Schaben gute Mütter?

Schaben kümmern sich überaus fürsorglich um ihre Eier. Viele tragen sie wochenlang in kleinen Kapseln mit sich herum, andere kleben sie in einen Spalt, wo sie schwer zu entdecken sind. Dieses „fürsorgliche" Verhalten hat offensichtlich zum evolutionären Erfolg der Art beigetragen.

Eine Gottesanbeterin verschlingt ihre Beute.

Beten Gottesanbeterinnen?

Gottesanbeterinnen falten ihre stacheligen Beine und erheben sie in einer gebetähnlichen Haltung, was ihnen den Namen eingetragen hat. Wegen ihres Verhaltens sollte man diese Insekten aber eher in Räuberinnen umbenennen. Gottesanbeterinnen sind wilde und geschickte Jäger und fressen nur andere Insekten, die sie zuvor lebend gefangen haben. Sie sind in der Regel überaus gut getarnt und lauern ihren Opfern auf.

Schmetterlinge, Nachtfalter

Bienenschwärmer

Windenschwärmer

Tagpfauenauge

Roter Admiral

Was ist der Unterschied zwischen einem Schmetterling und einem Nachtfalter?

Viele Leute denken bei Nachtfaltern an matt gefärbte, nachtaktive Insekten mit fetten, pelzigen Körpern und bei Schmetterlingen an leuchtend gefärbte, am Tag herumtanzende Insekten. Für einen Wissenschaftler liegt der wirkliche Unterschied zwischen beiden in der Form der Fühler und der Verbindung zwischen Vorder- und Hinterflügeln. Die Fühler eines Schmetterlings sind lang und schlank, während die Fühler des Nachtfalters dünn und fedrig sind. Im Sitzen halten die meisten Schmetterlinge ihre Flügel über dem Körper gefaltet. Nachtfalter dagegen lassen die Flügel entweder ausgebreitet oder spreizen sie in unterschiedlichen Winkeln voneinander ab.

Warum sind die Flügel von Schmetterlingen und Nachtfaltern staubig, wenn man sie anfasst?

Schmetterlinge und Nachtfalter gehören zur Ordnung der *Lepidoptera*, was so viel heißt wie „Schuppenflügler". Wenn man die Flügel berührt (was man eigentlich vermeiden sollte), hat man feinen Staub an den Fingern. Dieser feine Staub besteht aus den winzigen, einander überlappenden Schuppen, mit denen die Flügel überzogen sind. Diese Schuppen sind auch für die komplizierten, leuchtenden Muster verantwortlich.

Wie verteidigen sich Schmetterlinge gegen Räuber?

Schmetterlinge sind keineswegs so zart und schutzlos wie sie auf den ersten Blick wirken. Der Monarch-Schmetterling ist beispielsweise überaus zäh und übersteht sogar einen gelegentlichen Schnabelpicker. Überdies schreckt sein Geschmack Vögel ab. Andere Schmetterlinge verleiten Räuber durch falsche Flügelmarkierungen dazu, in entbehrliche Teile der Flügel zu beißen. In Ruhestellung sind sie unsichtbar. Große, helle Augenflecke wie die des Tagpfauenauges können ebenfalls zur Abschreckung möglicher Feinde dienen. Öffnet der Schmetterling die Flügel, treten die Augenflecken plötzlich und für den Fressfeind unerwartet zu Tage. Darüber hinaus bietet die unauffällig gefärbte Unterseite der Schmetterlingsflügel eine hervorragende Tarnung.

Wie entstehen die farbenfrohen Muster auf den Schmetterlingsflügeln?

Jede Schuppe auf dem Schmetterlingsflügel ist farbig und so mit den anderen Schuppen verzahnt, dass sich ein Muster ähnlich einem Mosaikbild ergibt. Weiß und Rot werden durch Pigmente in den Schuppen erzeugt, während die blauen und metallischen Farbschattierungen dadurch erzeugt werden, dass bestimmte Wellenlängen des Lichts von der strukturierten Oberfläche der Schuppen reflektiert werden.

Warum fressen die Männchen des Großen Schillerfalters von faulenden Tierkadavern?

Das Männchen des Großen Schillerfalters kann dabei beobachtet werden, wie es am Waldboden Kot oder Tierkadaver frisst, um seine Fortpflanzungsorgane mit zusätzlichen Natriumsalzen zu versorgen. Diese Salze gibt das Männchen dann an das Weibchen weiter, das sie zur Eiproduktion verwendet.

Wo halten sich Schmetterlinge im Winter auf?

Die meisten Schmetterlinge in gemäßigten Regionen wie Nordamerika oder Nordeuropa verbringen den Winter als Eier oder Puppen. Einige, wie der Rote Admiral, überwintern auch in ihrer Erwachsenenform. Wieder andere wandern südwärts in wärmere Regionen.

Wo findet man Schmetterlingsbäume?

Es gibt in Mexiko, Kalifornien und Florida eine Nadelbaumart, die im Winter Jahr für Jahr vielen Millionen von Monarch-Schmetterlingen als Aufenthaltsort dient. Die Schmetterlinge klammern sich in solch dichten Haufen fest, dass es den Anschein hat, als würden die Bäume vor Schmetterlingen überquellen. Die Schmetterlinge rasten hier, bis sie das wärmere Wetter im Frühjahr zum Aufbruch zurück in den Norden drängt.

Welcher Schmetterling braucht Ameisen, um seinen Lebenszyklus vollenden zu können?

Der Große Blau-Schmetterling durchläuft einen außergewöhnlichen Lebenszyklus, den er zum Teil in Gesellschaft der *Myrmica*-Ameise verbringt. Der erwachsene Schmetterling legt seine Eier auf einem Thymianzweig ab, von dem sich die Raupe während ihrer ersten Lebenswochen ernährt. Die Raupe verlässt dann die Pflanze und wird von Ameisen „entdeckt", die von einer süßen Substanz angezogen werden, die die Raupe abgibt. Die Ameisen bringen die Entdeckung in ihr Nest und melken dort die Raupe, die sich ihrerseits von den jungen Ameisenlarven ernährt. Die Raupe verbringt den Winter im Nest, verpuppt sich und schlüpft schließlich als erwachsener Schmetterling aus dem Ameisenbau.

Wie verteidigt sich die Raupe des Elefantenschwärmers?

Die Raupe des Elefantenschwärmers ist etwa sieben Zentimeter lang, hat eine braune Farbe und besitzt in hinter dem Kopf vier große Augenflecken. Wird sie von einer Kröte gestört, zieht sie den Kopf ein und stülpt die Körpersegmente (Abschnitte) hinter dem Kopfwulst heraus. Auf diese Weise erscheinen die Augenflecken plötzlich riesig groß. Für die Kröte sieht die Raupe mit einem Mal wie eine kleine Schlange aus. Sicherheitshalber nimmt die Kröte eine Verteidigungshaltung ein, bläst den Körper beeindruckend auf und stellt sich auf.

Wie schützen sich Nachtfalter vor Fledermäusen?

Fledermäuse jagen mittels Echopeilung. Sie senden hohe Schallwellen aus und schließen aus dem Echo auf die Position einer möglichen Beute. Einige amerikanische Nachtfalter haben die Fähigkeit entwickelt, sich auf das Sonarsystem der Fledermäuse einzustimmen; sobald sie merken, dass sich eine Fledermaus nähert, lassen sie sich wie ein Stein zu Boden fallen. Andere tauchen in Form einer Spirale ab, während wieder andere dazu in der Lage sind, das Signal der Fledermaus zu blockieren oder sie durch das Aussenden eigener hoher Töne zu verwirren.

Ameisen bringen die Raupen des Großen Blauen Schmetterlings in ihr Nest und melken sie.

Warum fühlen sich Nachtfalter nachts von hellem Licht angezogen?

Die Anziehungskraft einer hellen Lichtquelle lässt sich wahrscheinlich am besten durch die Reaktion von Nachtfaltern auf feststehendes natürliches Licht, wie das des Mondes, erklären. Wenn das entfernte Licht des Mondes von einem Abschnitt des Facettenauges eingefangen wird, versucht der Nachtfalter, das Licht im wahrsten Sinne im Auge zu behalten, und fliegt in einer geraden Linie, bis er durch irgendetwas anderes abgelenkt wird. Ist das Licht relativ nahe, fliegt der Nachtfalter in einer Kurve. Dieses kurvenförmige Flugmuster entwickelt sich beim Herabsteigen des Insekts zur Lichtquelle zu einer Spirale.

Heuschrecken

Wie singt eine Heuschrecke?

Eine Heuschrecke erzeugt ihr bekanntes Zirpen, indem sie die Hinterbeine an den Rippen der Vorderflügel reibt. An der Innenseite des Femurs, dem „Oberschenkel" am Hinterbein, befindet sich eine Reihe winziger, gleichmäßig verteilter Häkchen, mit denen die Heuschrecke über hervorstehende Adern der Vorderflügel streicht. In der Regel singen nur die Heuschreckenmännchen.

Heuschrecke

Wo liegen die Ohren der Heuschrecke?

Die „Ohren" einer Heuschrecke befinden sich am Hinterleib und bestehen aus einer starren Struktur, die ein Trommelfell, ähnlich dem des Menschen, stützt. Diese Tonempfänger reagieren auf Veränderungen des Luftdrucks und leiten die Informationen über Nervenfasern an das Gehirn weiter.

Singen alle Heuschrecken dieselbe Melodie?

Genau wie bei den Vögeln hat auch jede Heuschreckenart ihre eigene Melodie.

Welches Insekt kann als „Thermometer" dienen?

Die Amerikanische Baumgrille oder „Thermometer-Grille" ist beim Singen so temperaturempfindlich, dass man die Temperatur in Grad Fahrenheit ($0\,°C = 32\,°F$) ausrechnen kann, indem man ihre Zirper zählt. Man braucht nur mitzuzählen, wie oft die Grille in 15 Sekunden zirpt und zu dieser Zahl dann 39 zu addieren!

Warum schwärmen Wanderheuschrecken?

Wanderheuschrecken sind große tropische oder subtropische Heuschrecken. Gelegentlich finden sie sich zu riesigen Wanderschwärmen zusammen. Das Leben einer Wanderheuschrecke lässt sich in zwei Abschnitte unterteilen: in eine einzelgängerische und in eine schwärmende Phase. Wenn einzelne, verstreute Wanderheuschrecken zusammenkommen, um ihre Eier abzulegen, werden es mit der Zeit immer mehr. Außerdem vollzieht sich auch eine farbliche Veränderung: Sie bekommen dicke schwarze und gelbe Streifen. Die Aktivität der Tiere nimmt auf Grund gegenseitiger Stimulationen ständig zu, und schon bald bilden sie riesige Wanderschwärme. Wenn sie sich zum Fressen niederlassen, verschlingen sie jedes grüne Blatt im Umkreis von Kilometern.

Heuschreckennymphe (oben). Sitzende (unten links) und fliegende Wanderheuschrecke.

Termiten

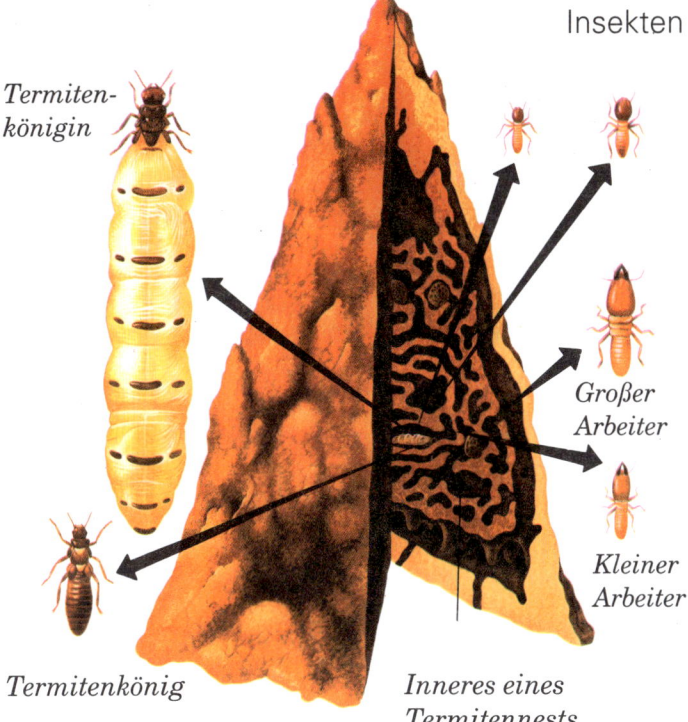

Termiten-königin

Großer Arbeiter

Kleiner Arbeiter

Termitenkönig

Inneres eines Termitennests

Warum nennt man Termiten „Weiße Ameisen"?

Termiten sind blasse Weißkörperinsekten, die wie Ameisen in großen unterirdischen Kolonien leben. Sie bedienen sich ebenfalls eines Kastensystems, um die unterschiedlichen Funktionen der Mitglieder voneinander zu trennen. Hiermit enden die Ähnlichkeiten aber schon. Termiten besitzen gerade Fühler, während die der Ameisen gebogen sind. Der Ameisenkörper hat eine „Taille" zwischen Brust und Hinterleib, der Termitenkörper nicht. Die Evolution von Ameisen und Termiten verlief in etwa parallel, aber die Termiten sind enger mit den Schaben verwandt als mit den Ameisen.

Was fressen Termiten?

Viele Termiten ernähren sich von Holz, obwohl sie das Holz nicht selbst verdauen können. In ihrem Darm leben winzige Protozoen, die Zellulose verdauen und die die Hauptverdauungsarbeit leisten. Ohne diese Protozoen könnten die Termiten nicht überleben.

Warum hält man die Termiten für die größten Baumeister unter den Insekten?

Wie lange lebt eine Termitenkönigin?

Bei einigen höher entwickelten Termitenarten kann die Königin 50 Jahre oder älter werden. Sie lebt in einer königlichen Kammer tief im Inneren des Baus und wird während der Schwangerschaft so groß, dass sie sich nicht mehr bewegen kann. Die Königin ist eine hoch entwickelte Eierlegemaschine, die alle zwei Sekunden ein Ei legt.

Die Nester einiger tropischer und subtropischer Termitenarten sind erstaunliche Gebilde. Mit ihren riesigen, fünf bis sechs Meter hohen Türmen bieten diese massiven und in ihrem Inneren überaus komplexen Bauten einem Millionenheer von geschlechtslosen Arbeitern Unterschlupf. Die Bauten sind in der Regel doppelwandig, wobei die Außenwand aus einem extrem harten Zement besteht, der aus Speichel, Exkrementen und Lehm zusammengemischt ist. In Westafrika, wo es stark regnet, bauen sich die Termitenkolonien pilzförmige Nester zum Schutz gegen den Regen. Das Pilzdach wird von den Termiten jedes Jahr erneuert.

Termitennest

Wie verteidigen die Termitensoldaten ihre Kolonie?

Termitensoldaten unterscheiden sich von den Arbeitern durch einen großen Kopf und Kiefer, mit denen sie Ameisen und andere Eindringlinge angreifen. Einige Termitensoldaten besitzen keine solchen kräftigen Kiefer. Stattdessen läuft ihr Kopf zu einer Spitze oder einem Schnabel zu, mit dem sie eine übel riechende, abstoßende Flüssigkeit verspritzen.

Wanzen und Käfer

Ruderwanze   *Gemeine Schaumzikade*

Gemeine Blumenwanze

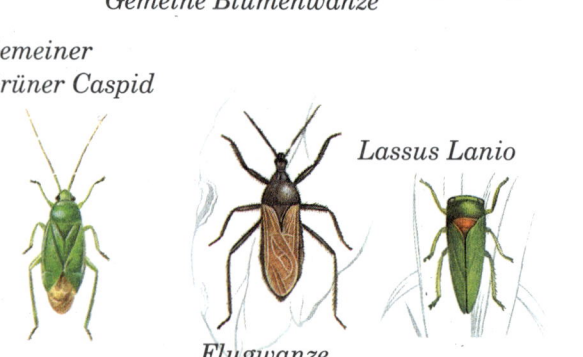

Gemeiner Grüner Caspid

Lassus Lanio

Flugwanze

Verschiedene Wanzenarten

Worin besteht der Unterschied zwischen einer Wanze und einem Käfer?

Die Wissenschaft ordnet Wanzen und Käfer zwei unterschiedlichen Gruppen zu, obwohl die Unterschiede für das ungeübte Auge kaum erkennbar sind. Sowohl Wanzen als auch Käfer kommen in vielen verschiedenen Formen, Farben und Größen vor. Wanzen saugen mit ihren Fresswerkzeugen flüssige Nahrung auf, die Fresswerkzeuge der Käfer eignen sich dagegen zum Kauen. Bei den Käfern haben sich die Vorderflügel zu harten Schutzdeckeln für die Hinterflügel entwickelt. Die Vorderflügel der Wanzen sind dagegen entweder zum Teil lederartig und schützen die Hinterflügel oder sie sind aus demselben membranartigen Gewebe wie die Hinterflügel.

Sind Leuchtkäfer heiß, wenn man sie anfasst?

Leuchtkäfer haben ihren Namen von dem hellen Licht, das sie im Flug ausstrahlen, aber dieses Licht ist keineswegs heiß. Das von der Hinterleibspitze ausgestrahlte Licht ist wegen des hohen Wirkungsgrades, mit dem es erzeugt wird, seltsam kühl.

Ein Leuchtkäferweibchen lockt Männchen an.

Ist ein Glühwürmchen ein Wurm oder ein Insekt?

Ein Glühwürmchen ist ein Insekt – oder genauer gesagt ein Käfer. Es kam zu seinem Namen, weil das Weibchen keine Flügel hat und eher einem Wurm als einem Käfer ähnelt.

Warum leuchten Glühwürmchen in der Dunkelheit?

Glühwürmchen leuchten in der Dunkelheit, um andersgeschlechtliche Partner anzulocken. Beide Geschlechter leuchten, wobei allerdings nicht klar ist, weshalb es das Männchen tut, da seine Augen groß genug sind, um nach Weibchen Ausschau halten zu können. Nachts erhebt sich das Weibchen aus dem Gras und stellt seinen leuchtenden Hinterleib zur Schau, wodurch Männchen aus großer Entfernung angelockt werden.

Welche Insekten kümmern sich um ihre Jungen?

Der Totengräber ist eines der wenigen Insekten, bei denen das Männchen und das Weibchen als ein Paar zusammenbleiben, um sich um die Jungen zu kümmern. Wenn die beiden erwachsenen Käfer den Kadaver eines kleinen Tiers finden, begraben sie ihn. Danach paaren sie sich, und das Weibchen legt seine Eier über dem verwesenden Fleischvorrat ab. Die Larven werden von den Eltern mit erbrochener Nahrung gefüttert. Erst wenn die Maden sich verpuppen, fliegen die Insekten-Eltern weg.

Warum können Wasserläufer auf dem Wasser laufen?

Wasserläufer nutzen die Oberflächenspannung des Wassers. Sie halten ihr zweites und drittes Beinpaar weit abgespreizt, wobei sie Dellen auf der Wasseroberfläche verursachen. Wasserläufer bevorzugen langsam fließende oder stehende Gewässer mit ruhiger Oberfläche.

Strahlen Laternenträger wirklich Licht ab?

Kein Laternenträger leuchtet: Der Name kam zu Stande, weil die Entomologen (Insektenforscher) früher dachten, dass solche seltsam geformten und hell gefärbten Insekten Licht ausstrahlen müssten.

Welches Insekt singt am lautesten?

Zikaden sind nicht nur die lautesten Insekten: Sie sind auch die größten. Ihre Singvorrichtung besteht aus zwei Kammern am unteren Hinterleib. Jede Kammer besitzt eine steife Innenwand, die nach oben und unten gezogen werden kann, ähnlich wie ein verbogener Büchsendeckel auf- und zugedrückt werden kann. Diese Innenwand kann bis zu 600-mal in der Sekunde schwingen. Die dabei erzeugten Töne werden von den beiden Resonanzkammern im Hinterleib beträchtlich verstärkt. Jede Zikadenart hat ihr charakteristisches Lied, und manche singen so laut, dass man ein einzelnes Insekt noch in 500 Metern Entfernung hören kann.

Raubwanzen sind wilde Jäger.

Welches Insekt verbringt 17 Jahre unter der Erde?

Die Nordamerikanische Zikade, die manchmal auch Siebzehnjährige Zikade genannt wird, verbringt 17 Jahre ihrer Entwicklung unter der Erde und ernährt sich in dieser Zeit vom Saft von Wurzeln, die sie mit ihren scharfen Fresswerkzeugen ansticht. Wenn das erwachsene geflügelte Insekt geschlüpft ist, verbringt es den Rest seines Lebens in Bäumen, wo es häufig Vögeln als Beute dient.

Zwei Skarabäen (Dungkäfer) rollen eine Dungkugel in ein sicheres Versteck.

Warum rollen Skarabäen Dung über den Boden?

Der Skarabäus-Käfer ernährt sich von vergrabenen Dungkugeln, in die er auch seine Eier ablegt. Er überzieht den Dung mit einer zähen Haut, um den Nahrungsvorrat und die Larven vor dem Austrocknen zu schützen. Die Käfer rollen die Dungkugeln über den Boden, um ein sicheres Versteck zu finden, wo sie sie vergraben können: Hierfür bevorzugen sie schattige Plätze mit lockerem Boden, um sich die Arbeit zu erleichtern.

Woher hat die Raubwanze ihren Namen?

Die auf der ganzen Erde vorkommenden Raubwanzen verdanken ihren Namen der Schnelligkeit und wilden Kraft, mit der sie ihre Beute angreifen und lähmen. Alle Raubwanzen sind mit kräftigen, gebogenen Rüsseln ausgestattet, mit denen sie die Beute anstechen und dann aussaugen. Die langen, kräftigen Vorderbeine dienen als Greifer.

Echte Fliegen, Köcherfliegen

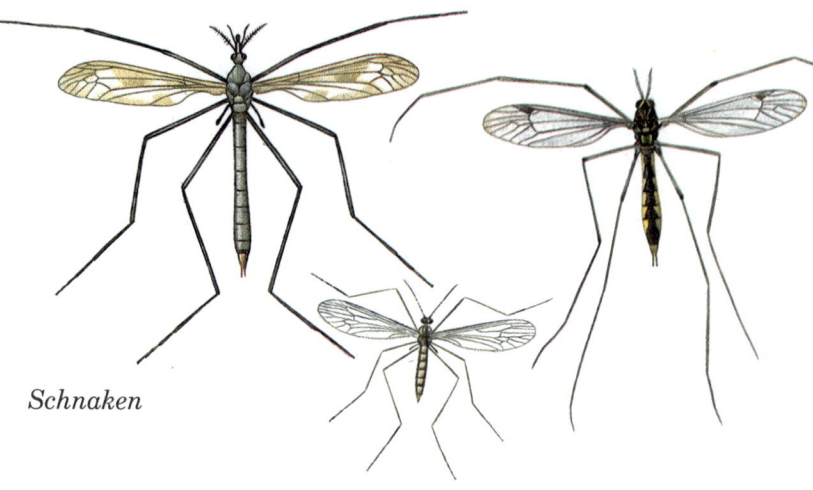

Schnaken

Was ist eine Köcherfliege?

Eine Köcherfliege ist ein nachtfalterähnliches Insekt, dessen Flügel mit kurzen, feinen Härchen, nicht Schuppen, überzogen sind und das unterentwickelte Fresswerkzeuge besitzt. Die Larve der Köcherfliege ist uns schon eher vertraut: Sie lebt auf dem Grund von Tümpeln oder Flüssen und baut sich aus verschiedenen Abfallmaterialien, wie Blattstücken, Sand und abgebrochenen Halmen, ein tragbares Gehäuse, wobei jede Spezies hierzu andere Materialien bevorzugt. Das Gehäuse, in dem der weiche, weiße Körper der Larve geschützt liegt, wird von Seidenfäden zusammengehalten.

Welches Fressverhalten hat die Hausfliege?

Eine Hausfliege frisst praktisch alles, was überhaupt irgendwie nahrhaft ist – solange es sich in Flüssigkeit umwandeln lässt. Das schließt alle Arten von Tier- und Pflanzenprodukten mit ein, ob verfault oder in anderer Form, und auch Exkremente. Die Fresswerkzeuge der Hausfliege bestehen aus einem Rüssel oder einer langen Saugröhre, die, wenn sie gerade nicht benutzt wird, unter dem Kopf der Fliege zusammengefaltet ist. Wenn eine Hausfliege auf einer passenden Nahrung landet, entrollt sie den Rüssel über der Nahrung aus und pumpt aus ihm Verdauungssäfte heraus. So wird die Nahrung verflüssigt und vorverdaut. Die flüssige Nahrung wird dann durch den Rüssel eingesaugt. Die Überreste eines solchen Fliegenmahls sind nicht nur mit den Verdauungssäften der Fliege verseucht, sondern auch mit Bakterien, die ernsthafte Erkrankungen hervorrufen können.

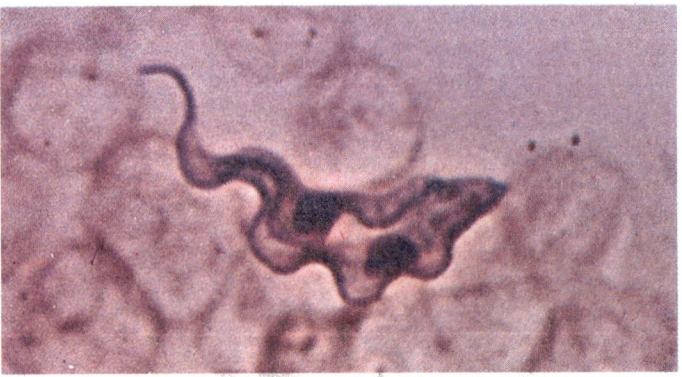

Das einzellige Trypanosoma ist der Parasit, der die Schlafkrankheit verursacht.

Wie viele Flügel hat eine Schnake?

Wie alle echten Fliegen hat auch eine Schnake nur ein Paar Flügel. Die Hinterflügel sind zu einem Paar keulenförmiger Stängel verkümmert, die während des Flugs herumwirbeln und als Balanceorgane dienen. Sie stellen überdies, ähnlich wie die automatische Steuerung in einem Flugzeug, jede Abweichung von der Flugroute fest.

Was meinte Samson, als er sagte: „Vom Starken kommt Süßes"?

Dieses berühmte Rätsel beruht auf Samsons Unvermögen, zwischen einer Honigbiene und einer Drohnenfliege zu unterscheiden. Er sah, dass ein Schwarm von Bienen – wie er meinte – aus dem Kadaver eines Löwen hervorstob, und schloss daraus, dass Löwen Honig produzieren könnten. Bei den „Bienen" muss es sich allerdings um Drohnenfliegen gehandelt haben, deren Larven in jeglicher verfaulenden organischen Materie heranwachsen und sich verpuppen. Hätte er sich die „Bienen" etwas genauer angesehen, hätte er bemerkt, dass sie nur ein Paar Flügel besitzen und nicht stechen können – ein klassischer Fall von Bienenmimikry (Bienennachahmung).

Welche Fliege ist der Überträger der Schlafkrankheit?

Die Tsetse-Fliege aus dem tropischen Afrika, die mit speziellen Fresswerkzeugen zum Saugen von Blut ausgestattet ist, überträgt die winzigen, einzelligen Parasiten (Trypanosomen), die beim Menschen die Schlafkrankheit hervorrufen. Obwohl das Weibchen während seines kurzen, nur sechs Monate dauernden Lebens nicht mehr als 12 Larven zur Welt bringt, hält man weite Landstriche in Afrika wegen dieser Fliege für unbewohnbar.

Bienen, Wespen und Ameisen

Was ist der Unterschied zwischen einer Wespe und einer Biene?

Wie bei allen Insekten sind auch die Körper von Bienen und Wespen dreigeteilt. Bienen haben allerdings einen eher stämmigen, haarigen Körper, während der Körper der Wespe in der Regel glatt und haarlos ist. Bienen sammeln darüber hinaus Pollen und produzieren Bienenwachs, worin sie sich von den Wespen, bis auf zwei in Zentralamerika vorkommende Wespenarten, unterscheiden.

Wie entstehen Bienenköniginnen?

Bienenköniginnen entstehen aus denselben befruchteten Eiern wie die Arbeiterbienen: Das Geheimnis ihrer Entwicklung liegt in ihrer Ernährung und in der Form ihrer Wabe. Wenn die Kolonie spürt, dass sie eine neue Königin braucht, werden spezielle runde Zellen gebaut, die weit größer sind als die typischen sechseckigen Wabenzellen, in denen die Arbeitsbienen großgezogen werden. Die Bienenkönigin legt daraufhin normale befruchtete Eier in diese Zellen ab. Nach drei Tagen schlüpfen die Larven. Sie werden ausschließlich mit einer speziellen, proteinreichen Substanz gefüttert, dem so genannten „Gelee Royal". Sechzehn Tage später beginnen die neuen Königinnen zu schlüpfen, fünf Tage früher als ein gleichzeitig abgelegtes Ei einer Arbeitsbiene.

Eine Bienenkönigin legt Eier in den Wabenzellen ab.

Drohne

Arbeitsbiene

Wie kann man eine Arbeitsbiene von einer Drohne unterscheiden?

Eine Arbeitsbiene ist ein unfruchtbares Weibchen. Sie entsteht aus einem befruchteten Ei und ist perfekt für das Sammeln von Nektar, die Erzeugung von Honig und den Unterhalt des Bienenstocks ausgestattet. Eine Arbeitsbiene ist in der Regel zwischen 12 und 15 Millimeter lang. Eine Drohne dagegen ist eine männliche Biene, die aus einem unbefruchteten Ei entstanden ist. Sie trägt nichts zum Unterhalt des Stocks bei und hat einzig und allein die Aufgabe, sich mit der neuen Königin zu paaren. Drohnen sind in der Regel größer (14–18 Millimeter), haben einen breiteren Kopf und können nicht stechen.

Was ist die erste Handlung einer Bienenkönigin, nachdem sie aus ihrer Zelle geschlüpft ist?

Ihre erste Aufgabe besteht darin, alle anderen, gleichzeitig mit ihr geschlüpften neuen Königinnen zu töten, um ihre Vorrangstellung von vornherein sicherzustellen. Sie tritt allerdings nicht gegen die alte Königin an: Diese bereitet sich vielmehr darauf vor, zu schwärmen und mit einer Gruppe treuer Arbeiterinnen anderswo ein neues Nest zu bauen.

Wie wird Honig gemacht?

Honig wird aus Nektar gemacht, der zuckrigen Flüssigkeit in Blütenkelchen, die von der Biene mit der langen Zunge aufgesaugt und dann im Honigmagen gespeichert wird. Wenn der Honigmagen voll ist, kehrt die Biene zum Stock zurück und gibt den dünnflüssigen Nektar an andere Arbeitsbienen weiter. Die Stockbienen mischen daraufhin den Nektar mit ihren Speichelsekreten und lagern ihn in offenen Zellen im Bienenstock ab. Innerhalb von drei Tagen hat sich die Nektarmischung in Honig verwandelt. Der fertige Honig wird mit einem Wachsdeckel versiegelt und zu späterem Gebrauch aufbewahrt.

Warum tanzen Bienen?

Bienen führen auf der Honigwabe einen „Tanz" auf, um anderen Bienen den Standort nektarreicher Blumen mitzuteilen. Mit der Sonne und dem Bienenstock als Bezugspunkten tanzt eine Biene eine Achterfigur, deren Ausrichtung den anderen Bienen die Richtung anzeigt, in der das Futter liegt. Die Frequenz, d.h. Häufigkeit, mit der die Biene mit ihrem Hinterleib wackelt, gibt den anderen Bienen überdies Aufschluss über die Entfernung des Nektars.

Warum sammeln Honigbienen Harz?

Honigbienen sammeln Harz von Bäumen, um daraus eine lackähnliche Substanz mit dem Namen Propolis herzustellen. Mit dieser Substanz versiegeln die Bienen alle kleinen Ritzen oder Löcher im Bienenstock, und mit ihr hüllen sie alle unerwünschten Objekten ein, die zu groß sind, um sie zu entfernen.

Wie sorgt eine Töpferwespe für ihre Jungen?

Töpferwespen bauen kleine Lehmtöpfe aus feiner feuchter Erde und befestigen sie an Pflanzen. Das Weibchen jagt dann Raupen und Spinnen und stopft diesen Vorrat an gelähmten Opfern in den Topf. Danach wird das Ei im Inneren des Topfes an einem Faden aufgehängt. Auf diese Weise ist die heranwachsende Larve mit genügend „frischem" Futter für ihre Entwicklung versorgt.

Wo legt die Schlupfwespe ihre Eier ab?

Schlupfwespen besitzen eine lange Eilegeröhre (Ovipositor). Sie horchen am Stamm eines Nadelbaums, ob sich darin eine Holzwespenmade befindet. Ist dies der Fall, stoßen sie ihre Eiröhre unmittelbar neben der fetten Made ins Holz. Als Nächstes legen sie ein Ei auf der Holzwespenmade ab, die der Schlupfwespenlarve als lebender Nahrungsspeicher dient.

Wie sammeln Honigbienen Pollen?

Honigbienen haben an den Hinterbeinen kleine Vertiefungen, die man Pollenkörbchen nennt. Wenn eine Biene in eine Blüte schlüpft, nehmen winzige Härchen an den Hinterbeinen Pollen von den Staubgefäßen ab. Auch die vorderen und mittleren Beine streifen Pollen ab und stopfen sie in die Pollenkörbchen.

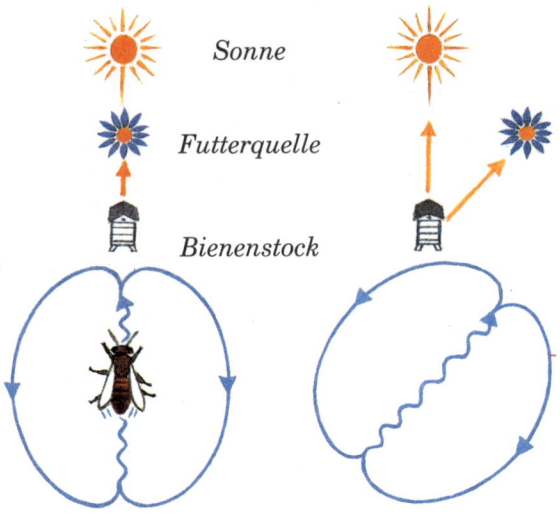

Sonne

Futterquelle

Bienenstock

Der „Tanz" der Biene zeigt anderen Arbeiterinnen, wo die besten Futterquellen zu finden sind.

Welche „Hausarbeiten" werden von einer Arbeitsbiene erwartet?

Während der ersten drei Lebenswochen kümmern sich die Arbeitsbienen um die Larven und füttern die Königin und die Drohnen. Sie bauen und reparieren die Honigwaben mit Hilfe eines Wachssekrets aus speziellen Drüsen am Hinterleib und unternehmen daneben noch kurze Erkundungsflüge, um sich die Lage des Bienenstocks und seine Umgebung einzuprägen.

Worin unterscheiden sich Bienenkolonien von Hummelkolonien?

Honigbienen leben in einer dauerhaften Gemeinschaft, die von einer Königin zwei oder drei Jahre lang geleitet wird. Hummeln bleiben nur ein Jahr an einem Ort: Die Königin und die anderen Mitglieder der Kolonie sterben am Ende des Sommers, nachdem die neuen Männchen und die jungen Königinnen geschlüpft sind.

Weißschwanz-hummel

Rotschwanz-hummel

Honigbiene

Was sind Kuckucksbienen?

Kuckucksbienen sind unter den Insekten das, was der europäische Kuckuck unter den Vögeln ist. Wie dieser schleichen sie sich in fremde Nester ein und ersetzen die Eier der Wirtsart durch die eigenen. Die *Psithyrus*-Kuckucksbiene sieht bis auf die Tatsache, dass sie keine Pollenkörbchen besitzt und kein Wachs herstellen kann, wie eine Hummel aus. Die Kuckucksbienen-Königin schleicht sich in das Nest einer neu gebildeten Hummelkolonie und versteckt sich unter der Honigwabe, bis sie den Geruch der Kolonie angenommen hat. Dann zerstört sie die Hummeleier und verwendet das Wachs zum Bau ihrer eigenen Eizellen. Schließlich tötet sie die Hummelkönigin und wird dadurch zum einzigen Eiproduzenten.

Was ist ein Nektardieb?

Beim Einsammeln von Pflanzennektar tragen die meisten Insekten auch Pollen mit sich fort, wodurch sie den Pflanzen die Fortpflanzung ermöglichen. Hummeln und einige andere Insektenarten sind allerdings im Stande, von bestimmten Pflanzen Nektar zu „stehlen". Einige Blumen sind zu lang oder zu dünn, als dass das Insekt den Nektar mit der Zunge oder dem Saugrüssel erreichen könnte. Dann bohrt das Insekt die Blume einfach von außen an und saugt den Nektar aus. Das Insekt entnimmt also den Nektar, sammelt aber keine Pollen.

Wie verständigen sich Ameisen miteinander?

Ameisen verständigen sich durch gegenseitiges Füttern oder „Küssen". Wenn sich die Ameisen küssen, geben sie einander nicht nur Nahrung weiter, sondern auch Sekrete, die sie beim Ablecken der Königin, ihrer Eier und Larven aufgenommen haben. Diese Sekrete dienen den Ameisen dazu, sich gegenseitig zu erkennen, da jede Kolonie ihren eigenen charakteristischen Geschmack besitzt. Einige Ameisen können aus speziellen Drüsen sogar Alarmsekrete absondern. Ohne diese Sekrete wäre das organisierte Gemeinschaftsleben nicht möglich.

Wie verläuft der Lebenszyklus einer Ameise?

Ameisen durchlaufen drei Stadien, bevor sie erwachsen werden: Ei, Larve und Puppe. Wenn die Königin Eier legt, werden sie von den Arbeiterinnen saubergeleckt und ins „Kinderzimmer" gebracht. Nach einigen Wochen schlüpfen aus den Eiern hilflose Larven, die von den Ameisenarbeiterinnen gefüttert werden. Nach einer Weile verpuppen sich die Larven, wobei sie sich zuerst in einen Seidenkokon einspinnen, in dem sie heranreifen. Wenn sie zum Schlüpfen bereit sind, helfen ihnen die Arbeiterinnen beim Aufbrechen des Kokons. In der Regel schlüpfen die Ameisen als flügellose Arbeiterinnen, aber gelegentlich gehen auch geflügelte Männchen und Weibchen hervor, die schließlich versuchen, ihre eigenen Kolonien zu gründen.

Warum werden manche Ameisen auch als Bauern bezeichnet?

Ebenso wie wir Menschen uns um Kühe kümmern und die Milchproduktion fördern, „melken" Ameisen Blattläuse und nehmen ihnen Honigtau ab. Durch Streicheln mit den Fühlern veranlassen sie die Blattläuse zum Absondern des Honigtaus, den sie aufnehmen und in ihrem Kropf speichern. Um die Herde zu erhalten, kümmern sich die Ameisen um die Blattläuse, indem sie Feinde, wie Marienkäfer und Schwebfliegenmaden, verjagen.

Welche Ameise baut Nahrung an?

Die in Zentral- und Südamerika beheimateten Blattschneiderameisen schneiden Blätter von Bäumen ab und verwenden sie als Grundlage für die Aufzucht von Pilzen in „unterirdischen" Gärten. Die Arbeiterameisen kauen die Blätter und drücken sie zu Pilzbetten zusammen, wobei sie die heranwachsenden Pilze mit ihren Exkrementen düngen. Die Pilze dienen der gesamten Kolonie als Nahrung.

Ameisensoldaten

ANDERE WIRBELLOSE

Wie viele Beine hat eine Spinne?

Spinnen sind keine Insekten, sondern *Arachniden*. Anders als ein Insekt, das sechs Beine hat, besitzt eine Spinne acht Beine. Spinnen haben weder Flügel noch Fühler, obwohl das Paar schlanker Mundtaster (Palpen) vorne am Kopf oft dafür gehalten wird. Der Körper einer Spinne ist in der Regel behaart und besteht aus zwei Hauptteilen – einem kombinierten Kopf- und Brustteil und einem Hinterleib. Diese beiden Teile sind über eine dünne Taille miteinander verbunden. Alle Spinnen besitzen ein Paar Giftfänge, mit denen sie ihre Beute töten. Darüber hinaus sind alle Spinnen in der Lage, Seidenfäden zu produzieren, obwohl sie daraus nicht immer Netze herstellen.

Spinnen haben acht Beine, Insekten nur sechs.

Warum findet man Spinnen in der Badewanne?

Entgegen der landläufigen Meinung kommen Hausspinnen nicht aus dem Abfluss. Sie können nicht im Wasser leben und ertrinken sehr schnell, wenn man sie wegspült. Bei der Spinne in der Badewanne handelt es sich wahrscheinlich um ein Tier, das in die Badewanne gefallen ist. Da es an der glatten Oberfläche keinen Halt findet, bleibt ihm nichts anderes übrig, als zu warten, bis eine hilfsbereite Person ihm heraushilft.

Was ist ein Arachnophobe?

Fürchtest du Spinnen? Wenn ja, dann bist du ein Arachnophobe! Die europäischen Spinnen sind zumeist harmlos, und es gibt keinen Grund, vor ihnen Angst zu haben. In wärmeren Zonen gibt es jedoch durchaus Spinnenarten, deren Biss starke Schmerzen verursachen, in einzelnen Fällen sogar zum Tod führen kann. Eine der größten und am meisten gefürchteten Spinnen, die südamerikanische Vogelspinne, ist allerdings für den Menschen nicht sehr gefährlich. Ihr Biss ist nicht schlimmer als ein Bienenstich.

Wie fressen Spinnen?

Spinnen können Nahrung nur in flüssiger Form zu sich nehmen. Da sie keine richtigen Kiefer zum Kauen besitzen, benutzen sie die scharfen Zähne an der Unterseite der Fänge, um die Beute zu kauen. Dabei übergießen sie sie gleichzeitig mit Verdauungssäften, so dass ein Brei entsteht, den sie leicht aufsaugen können. Die Krabbenspinnen, die keine Zähne besitzen, spritzen einfach Verdauungssäfte in ihre Beute und saugen den Inhalt dann durch ein Loch aus. Zurück bleibt nur eine leere Hülse.

Maul

Kieferfühler

Kiefertaster

Kieferklaue

Die Fresswerkzeuge der Spinne

Wie baut eine Spinne ihr Netz?

Eine Spinne produziert am Ende ihres Hinterleibs flüssige Seide. Diese härtet aus, sobald sie mit Luft in Berührung kommt, und ergibt einen Faden, der fester ist als Draht derselben Stärke. Das bekannteste Spinnennetz ist das Radnetz, das von vielen Spinnen gebaut wird und einem Speichenrad ähnelt. Um ein Radnetz zu bauen, spinnt die Spinne zunächst einen Faden zwischen zwei Stützen und legt dann einen durchhängenden Faden darunter. Anschließend zieht sie ihn nach unten, so dass er die Form eines V bekommt. Die Spitze des V wird zum Mittelpunkt oder zur „Nabe" des Netzes, von dem die Spinne weitere „Speichen" wegführt. Zur Vervollständigung des Außenrandes befestigt die Spinne weitere Fäden an geeigneten Stützen. Sobald alle Randfäden und Radialspeichen in Stellung sind, beginnt die Spinne zur Stabilisierung eine Spirale von der Nabe in Richtung Rand zu spinnen. Zum Schluss legt sie eine Spirale von außen nach innen, wobei sie spezielle, klebrige Seide verwendet, an der später Insekten hängen bleiben sollen. Sobald die Spinne an der Mittelnabe angekommen ist, nimmt sie dort Wartestellung ein oder legt sich in unmittelbarer Nähe des Netzes auf die Lauer.

Wie verhindert eine Spinne, dass sie sich in ihrem eigenen Netz verfängt?

Eine Spinne vermeidet das Verheddern im eigenen Netz, indem sie für dessen Bau zwei Arten von Fäden benutzt. Die Nabe des Netzes, dort, wo die Spinne auf der Lauer liegt, ist ebenso wie die „Speichen" des Netzes aus trockenen Fäden gesponnen, während der Rest aus klebrigen Seidenfäden besteht. Wenn die Spinne über ihr Netz krabbelt, benutzt sie nur die trockenen Speichen und vermeidet die klebrigen. Sollte sie sie doch einmal berühren, schützen ölige Absonderungen an den Beinen sie vorm Festkleben.

Sind Spinnen für den Menschen gefährlich?

Fast alle Spinnenarten sind mit Giftdrüsen ausgestattet, die Gift zum Überwältigen der Beute produzieren. Nur eine einzige kleine Familie von Netz bauenden Spinnen kommt ohne ein solches Gift aus. Die überwiegende Mehrheit der Spinnen kann jedoch dem Menschen mit ihrem Gift nicht schaden. Es gibt lediglich etwa 30 Spinnenarten, die für uns wirklich gefährlich sind. Viele Spinnen können die menschliche Haut mit ihren Fängen nicht einmal durchdringen, und die meisten, die uns beißen können, verursachen lediglich Schmerz oder Jucken. Zu den wirklich gefährlichen Spinnen gehört die berüchtigte Schwarze Witwe, deren Gift 15-mal tödlicher ist als das der Klapperschlange.

Wie viel Seide braucht eine Spinne für den Bau ihres Netzes?

Ein großes Spinnennetz kann aus bis zu 30 Metern Seidenfaden bestehen, der so fein ist, dass er kaum mehr als ein halbes Milligramm wiegt. Eine Spinne kann 4000-mal schwerer als das Netz sein, ohne dass es reißt. Das Netz kann noch viel schwerere Beutetiere halten – woran sich die überragende Qualität der Konstruktion ermessen lässt.

Warum muss ein Spinnenmännchen aufpassen, wenn es um ein Weibchen wirbt?

Das Männchen muss überaus vorsichtig sein, sonst kann es ihm passieren, dass es vom Weibchen gefressen wird. Um das zu vermeiden, wendet das Männchen verschiedene Werbungsrituale an. Männliche, Netz bauende Spinnen lenken die Aufmerksamkeit des Weibchens auf sich, indem sie auf eine bestimmte Weise an ihrem Netz zupfen, während Männchen anderer Spinnenarten dem Weibchen ein in Seidenfäden eingewickeltes Insekt präsentieren, um es bei der Paarung abzulenken. Wartet das Männchen zu lange, kann es ihm passieren, dass das Weibchen es plötzlich beißt, in Seidenfäden wickelt und seinen Körper als Nahrung für die Brut verwendet.

Weibliche Spinnen fressen mitunter die Männchen auf, die gekommen sind, um sich mit ihnen zu paaren.

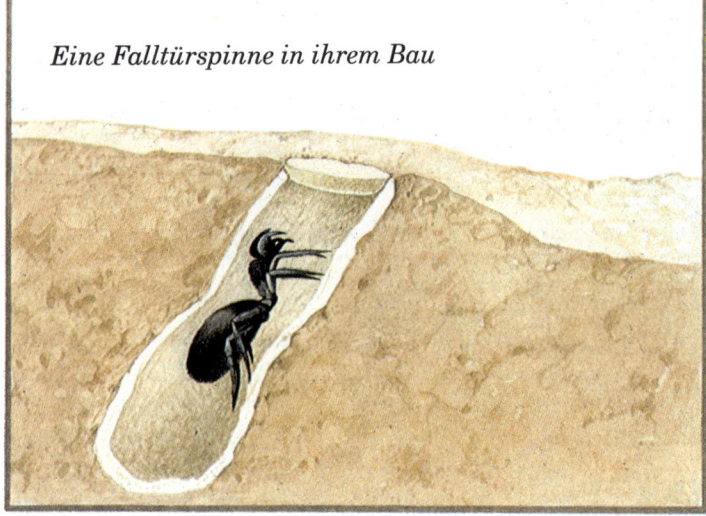

Eine Falltürspinne in ihrem Bau

Wie fängt die Falltürspinne ihre Beute?

Falltürspinnen leben in heißen Tropenregionen, in Bauen, die mit einer Klappfalltür aus Seidenfäden verdeckt sind. Die Spinne sitzt in ihrem Bau und wartet auf die Erschütterungen, die von vorüberkommenden Opfern verursacht werden. Dann stößt sie die Tür auf, stürzt sich auf ihr Opfer und zieht es in den Bau, wo sie es frisst.

Können Spinnen fliegen?

Spinnen haben keine Flügel, aber das heißt nicht, dass sie nicht „in die Luft gehen" können. Wenn junge Spinnen bestimmter Arten von ihren Geschwistern wegkommen wollen, ziehen sie einen Seidenfaden aus dem Hinterleib und warten darauf, dass er vom Wind erfasst wird. Ist dies der Fall, produziert der Hinterleib immer mehr Seidenfäden, und die Spinne wird mit zunehmendem Zug der Fäden immer höher in die Luft gehoben. Auf diese Weise werden die Tiere manchmal über Entfernungen von mehreren hundert Kilometern davongetragen. Diese als „Ballonflug" bezeichnete Fortbewegungsform ist eine wirksame Methode, um sicherzustellen, dass alle geeigneten Lebensräume von den Spinnen besiedelt werden.

Haben alle Skorpione einen tödlichen Stachel?

Der Stachel eines Skorpions befindet sich an der Spitze des langen, gebogenen Schwanzes, den das Tier entweder zur Seite oder über seinen Rücken gebogen hält. Einige Skorpione haben einen harmlosen Stich, während der Stich anderer Arten, besonders von Angehörigen der Familie *Buthidae*, für Menschen tödlich sein kann. Skorpione leben in warmen, trockenen Regionen und sind hauptsächlich nachts aktiv. Sie ernähren sich von Spinnen, Insekten und anderen kleinen Tieren. Zum Fangen der Beute verwenden sie großen Zangen, wobei einige Skorpionarten damit ihre Opfer zu Tode drücken, ohne den giftigen Stachel zu benutzen.

Skorpion

Warum wird ein Weberknecht manchmal mit einer Spinne verwechselt?

Die langbeinigen Weberknechte haben zwar acht Beine wie eine Spinne, aber damit endet die Ähnlichkeit auch schon. Der Körper des Weberknechts besteht aus einem Stück ohne Taille, und das Tier kann kein Netz spinnen. Das zweite Beinpaar ist stets länger als die drei restlichen Paare, und anders als eine sechs- bis achtäugige echte Spinne hat der Weberknecht nur zwei einfache Augen. Am häufigsten kann man Weberknechte während der Erntezeit beobachten, da dann die erwachsenen Tiere zu ihrer vollen Reife gelangen.

Weberknecht

Andere Gliederfüßer

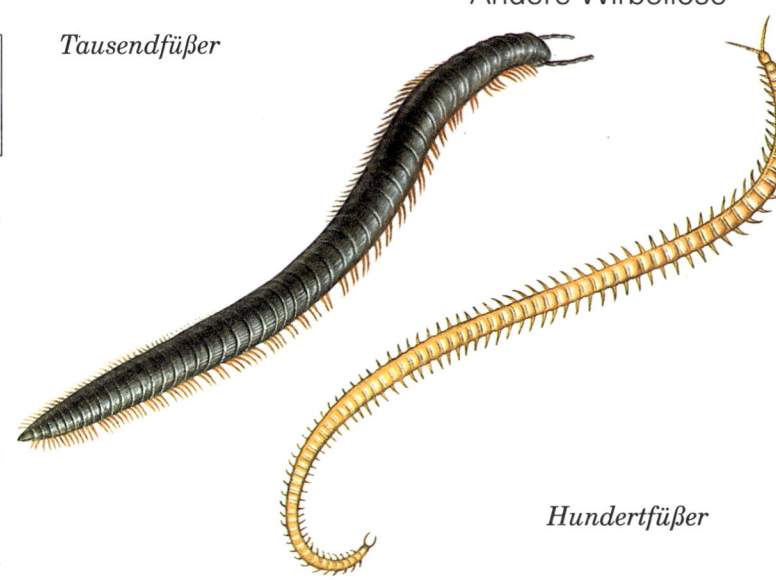

Tausendfüßer

Hundertfüßer

Haben Hundertfüßer wirklich hundert Beine?

Trotz seines Namens hat kein Hundertfüßer wirklich hundert Beine. Einige können mehr, einige aber auch weniger haben. Die bekanntesten Gartenhundertfüßer haben sogar nur 15 Beinpaare. Die Tiere halten sich vorzugsweise an dunklen, feuchten Plätzen, unter Baumstämmen oder Steinen auf.

Worin besteht der Unterschied zwischen einem Hundertfüßer und einem Tausendfüßer?

Obwohl gemeinhin angenommen wird, dass ein Tausendfüßer mehr Beine hat als ein Hundertfüßer, würde das reine Zählen der Beine wenig Aufschluss über die Unterschiede bringen. Wenn man einen Hundertfüßer von einem Tausendfüßer unterscheiden will, muss man sich die Anzahl der Beinpaare pro Körpersegment (Abschnitt) ansehen. Tausendfüßer haben an den meisten Segmenten zwei Beinpaare, während Hundertfüßer nur eines haben. Darüber hinaus weist der Körper eines Tausendfüßers in der Regel einen runden Querschnitt auf, der Körper des Hundertfüßers dagegen einen abgeflachten. Tausendfüßer sind für gewöhnlich lang und dünn und bewegen sich langsam. Sie ernähren sich von totem Pflanzenmaterial in der Erde oder von herabgefallenen Blättern, also rein vegetarisch. Die Hundertfüßer dagegen sind schnelle und gewandte Räuber, die ihre Beute durch giftige Bisse überwältigen.

Warum sind Tausendfüßer leidenschaftlicher als Hundertfüßer?

Da Tausendfüßer sich ausschließlich vegetarisch ernähren, muss ein potenzieller Partner nie befürchten, bei lebendigem Leibe gefressen zu werden. Der Fleisch fressende Hundertfüßer ist dagegen keineswegs abgeneigt, einen Artgenossen zu verspeisen, wenn sich die Gelegenheit bietet. Tausendfüßer können sich aus diesem Grund bei der Paarung eng ineinanderschlingen, um sicherzugehen, dass der Same vom Männchen auf das Weibchen übertragen wird. Bei den Hundertfüßern läuft die Paarung dagegen ohne gegenseitige Berührung ab, und zwar so, dass das Weibchen ein vom Männchen abgelegtes Samenpaket aufnimmt.

Warum sollte man nie versuchen, eine Zecke aus der Haut zu ziehen?

Wenn sich eine Zecke in die Haut gebohrt hat, sind die Mundwerkzeuge so fest darin verankert, dass sie in der Haut stecken bleiben, wenn man versucht, die Zecke herauszuziehen, was zu Entzündungen führen kann. Stattdessen kann man die Zecke entweder mit einem Pflaster abdecken (was sie irritiert und dazu veranlasst, ihren Griff zu lockern) oder mit Spiritus bestreichen, was sie ebenfalls vertreibt.

Ist eine Kugelassel ein Insekt?

Die Gemeine Kugelassel ist näher mit den Krebsen als mit den Insekten verwandt. Sie besitzt sieben Paar Beine und einen Körper, der mit hornigen, einander überlappenden Platten überzogen ist, die Wasser sowohl hinein- als auch wieder herauslassen. Folglich halten die Asseln sich am liebsten an dunklen, feuchten Orten auf, wo sie vor dem Austrocknen geschützt sind. Sie sind hauptsächlich in der Nacht aktiv, wenn es kühl und feucht ist.

Wie wirft eine Kugelassel ihre Haut ab?

Statt ihre ganze Haut auf einmal abzuwerfen, häutet sich eine Kugelassel in zwei Stufen. Zuerst verliert sie die Haut der hinteren Körperhälfte. In diesem Stadium sehen die Tiere recht seltsam aus: Während die vordere Hälfte die normale graue Farbe hat, ist der Rest des Körpers cremig weiß. Erst wenn die neue Haut hart geworden ist und sich grau färbt, wirft die Kugelassel die Haut am Vorderkörper ab. In der Regel verbirgt sich die Assel während der Häutung, da sie in dieser Zeit verwundbar ist.

Krebse und Panzerkrebse

Einsiedlerkrebs

Was ist ein Krustentier?

Man hat die Krustentiere als die mit Kiemen atmenden Insekten des Meeres bezeichnet. Sie gehören in der Tat derselben Ordnung *(Arthropoda)* an wie die Insekten und umfassen eine Vielzahl verschiedener Arten, die zumeist im Meer leben. Ihre wichtigste Gemeinsamkeit besteht in zwei Paar Fühlern. Krebse, Hummer, Garnelen, Krabben, Wasserflöhe und Entenmuscheln gehören alle zu dieser Gruppe.

Wie groß ist das größte Krustentier der Welt?

Die Japanische Riesenkrabbe, deren Greifer ausgestreckt bis zu drei Meter lang sein können, kann für sich den Titel „Größtes Krustentier der Welt" beanspruchen. Ihre Gliedmaßen, die bis zu zwei Meter lang werden, sind so schwer dass sie die Muskeln ohne den Auftrieb des Wassers nicht bewegen können. Exemplare, die Fischern ins Netz gingen und an Land gebracht wurden, hatten große Schwierigkeiten, sich dort zu bewegen.

Wo leben Krebse?

Die meisten leben im Meer oder an der Küste, und einige wenige leben auch in Flüssen, darunter der auch bei uns heimische Flusskrebs. In den Tropen verbringen manche Krebse einen Teil ihres Lebens an Land, und einige wenige Krebsarten klettern auf Bäume. Es gibt sogar Regenwaldkrebse, die in kleinen Wasserlachen leben, die sich hoch in den Baumwipfeln gebildet haben.

Welche Krebse leben an Land?

In tropischen Gegenden verbringen einige Einsiedlerkrebsarten den Großteil ihres Lebens an Land, wobei sie sich in leeren Schneckenhäusern einnisten und von tierischer und pflanzlicher Nahrung ernähren. Das bemerkenswerteste und gleichzeitig größte dieser an Land lebenden Krustentiere ist der Palmendieb. Bei einem Panzerdurchmesser von 30 Zentimetern kann er mühelos den Stamm einer Kokospalme mit den Beinen umfassen und auf den Baum klettern, um sich Früchte zu holen. Wie alle Einsiedlerkrebse sucht auch der Palmendieb zur Paarung das Meer auf.

Welcher Krebs nistet sich in leeren Weichtierschalen ein?

Einsiedlerkrebse haben ihren eigenen Schutzpanzer aufgegeben und bedienen sich dafür lieber leerer Weichtierschalen. Ihr weicher, rosiger Körper ist von Natur aus biegsam, so dass sie problemlos in die Windungen der besetzten Häuser passen. Ihre Greifer sind ungleich, wobei der rechte größer, etwas abgeflacht und stärker gepanzert ist, damit der Krebs mit ihm die „Tür" zu seiner Schale sicher verschließen kann. Die dicke Weichtierschale schützt den Einsiedlerkrebs nicht nur vor gefräßigen Räubern, wie Fischen, Hummern und Kraken, sondern erspart ihm auch die gefährliche Aufgabe, seine Schale von Zeit zu Zeit abzuwerfen und sich eine neue wachsen zu lassen. Wenn ein Einsiedlerkrebs für sein besetztes Haus zu groß wird, sucht er sich einfach ein größeres.

Wie viele Beine hat ein Panzerkrebs?

Ebenso wie Krebse, Garnelen, Hummer und Krabben hat auch ein Panzerkrebs zehn Beine in zwei Paaren zu je fünf. Das erste Beinpaar hat sich vergrößert und zu Scheren umgebildet, während die restlichen vier Paare zum Laufen dienen. Panzerkrebse sind nachtaktive Aasfresser, die schnell fließendes Süßwasser in kreidehaltigen Regionen bevorzugen. Ihr Schwanz- und Muskelfleisch wird als Delikatesse gerühmt.

Warum sind gekochte Hummer rot?

Obwohl Hummer mit ihren großen Zangen gefährlich aussehen, sind sie in Wirklichkeit Aasfresser, die sich von den Kadavern toter Meerestiere ernähren. Lebende Hummer haben eine bläulich schwarze Farbe, mit der sie sich kaum vom Meeresboden abheben. Auf Grund einer chemischen Veränderung in den Pigmenten werden sie beim Kochen rot.

Welches Krustentier ist für das Überleben der großen Wale von entscheidender Bedeutung?

Der winzige, krabbenähnliche Krill bildet einen Hauptteil der Nahrung vieler Wale, wie auch von Robben, Pinguinen, Sturmvögeln und anderen großen Meereslebewesen. Diese winzigen Krustentiere rotten sich im Südpolarmeer zu riesigen Schwärmen von einigen hundert Millionen Tieren zusammen. Ein einzelner Blauwal kann in einem Jahr bis zu 450 Tonnen Krill fressen.

Wie fangen Entenmuscheln ihre Beute?

Entenmuscheln sind Krustentiere, die ihr ganzes Leben an einem einzigen Ort festgeklammert verbringen – an Felsen, Treibholz, Schiffen und sogar anderen Meereslebewesen. Die an den Küsten am weitesten verbreiteten Entenmuscheln sind die Seepocken. Wenn die einsetzende Flut über sie hinwegspült, stoßen sechs borstige Tentakelpaare ins Wasser, um alles, was an Nahrungsteilchen vorbeitreibt, einzusammeln. Geht die Flut zurück, zieht die Seepocke ihre Tentakeln wieder ein und schließt ihre Schale.

Welche Entenmuschel lebt als Parasit von Krebsen?

Die wurzelköpfige Entenmuschelart *Sacculina* klammert sich am Körper eines jungen Krebses fest und injiziert einige ihrer Zellen in die Blutbahn des Krebses. Diese Zellen durchlaufen den Körper des Krebses und setzen sich schließlich in der Nähe des Darms ab, wo sie Nährstoffe aufnehmen und wurzelförmige Auswüchse auf den gesamten Krebskörper verteilen. Der Sacculina-Parasit zerstört die Fortpflanzungsorgane des Krebses und hindert ihn am Häuten. Schließlich tritt der Parasit als ein mit Eiern gefüllter Knoten unter dem Hinterleib des Krebses aus, von wo er seinen Wirt verlässt und sich einen neuen sucht.

Kaiserhummer

Warum ist ein Greifer der männlichen Winkerkrabbe größer als der andere?

Winkerkrabben sind in den Schlammzonen der Salzmarschen und Mangrovensümpfe tropischer Regionen weit verbreitet. Bei Niedrigwasser krabbeln sie herum und strecken dabei ihre riesigen Greifer wie Flaggen in die Luft. Diese übergroßen Greifer sind hell gefärbt, zumeist rot und dienen zwei Zwecken. Zum einen sollen sie andere Männchen vom jeweiligen Territorium der Krabbe fern halten und zum anderen spielen sie eine Rolle in einem ausgeklügelten Balzritual. Der kleinere Greifer wird von der Krabbe wie ein Löffel zum Fressen benutzt, mit dem sie grüne Algen und Pflanzenreste aus dem Schlamm kratzt.

Krabbe

Können Krabben schwimmen?

Strandkrabben haben das Schwimmen ganz aufgegeben und benutzen ihre vier Beinpaare ausschließlich dazu, sich auf seltsame Weise seitwärts fortzubewegen. Schwimmkrabben dagegen haben ihr viertes Beinpaar zu einem Paar abgeflachter Flossen umgebildet. Die Krabbe bewegt diese Flossen im Wasser schnell auf und ab und treibt sich so mit erstaunlicher Geschwindigkeit vorwärts.

Woher kommen Scampi?

Die bekannte Speise Scampi besteht aus den Schwanzpartien des Kaiserhummers, einer bis zu 20 cm großen Krebsart, die an der nordöstlichen Atlantikküste vorkommt. Der Kaiserhummer ist orangefarben mit roten Markierungen und besitzt fünf Beinpaare, wobei das erste Paar zu Beißzangen ausgebildet ist.

FISCHE

Was ist ein Fisch?

Ein Fisch ist ein Wirbeltier (ein Tier mit einer Wirbelsäule), das sein ganzes Leben im Wasser verbringt. Der Fischkörper ist in der Regel mit Schuppen bedeckt. Außerdem besitzen Fische Flossen, die ihnen beim Schwimmen helfen. Die meisten Fische sind Kaltblüter und holen sich den Sauerstoff mit Hilfe von Kiemen aus dem Wasser.

Wie viele Fischarten gibt es?

Fische sind bei weitem die größte Wirbeltiergruppe. Man schätzt, dass es mehr als 22 000 verschiedene Fischarten gibt, von denen etwa ein Drittel in Süßwasser und zwei Drittel im Meer leben. Wissenschaftler teilen die Fische in drei Gruppen ein: kieferlose Fische (von denen es etwa 60 Arten gibt); Haie und Rochen (etwa 600 Arten) und Knochenfische (mehr als 20 000 Arten). Die Knochenfische sind zweifellos die am weitesten verbreitete Gruppe; sie haben so gut wie jedes Gewässer auf der Erde besiedelt.

Warum sterben Fische, wenn man sie aus dem Wasser nimmt?

Wie alle Tiere brauchen Fische Sauerstoff zum Leben. Anders als an Land lebende Tiere können Fische jedoch Sauerstoff nur dann aufnehmen, wenn er in Wasser gelöst ist. Wird ein Fisch aus dem Wasser genommen stirbt er nach kurzer Zeit. Fische nehmen Wasser mit dem Mund auf, drücken es durch die rosafarbenen Kiemen und pressen es durch Öffnungen zu beiden Seiten des Kopfes wieder heraus.

Warum sind Süßwasserschnecken so wichtig für Teichfische?

Ein gesunder Teich ist eine in sich geschlossene Gemeinschaft von Pflanzen und Tieren, die in natürlicher Harmonie zusammenleben. Wird dieses Gleichgewicht gestört, kann die gesamte Gemeinschaft gefährdet sein. Süßwasserschnecken leisten beispielsweise ihren Beitrag, indem sie das Pflanzenwachstum regulieren und so das Gleichgewicht der Gase im Wasser aufrechterhalten. Ohne sie würden die Pflanzen unkontrolliert weiterwachsen und dem Wasser immer mehr Sauerstoff entziehen. Da Fische aber ohne Sauerstoff nicht leben können, wäre der Teich nach kurzer Zeit voller Unkraut und alles tierische Leben erloschen.

Was ist ein Knochenfisch?

Ein Fisch wird dann als Knochenfisch bezeichnet, wenn sein Skelett aus Knochen besteht und der Körper mit einander überlappenden Schuppen bedeckt ist. Die Kiemen sind in der Regel mit einer knochigen Hautklappe geschützt, und er besitzt für gewöhnlich eine Schwimmblase. Knochenfische leben sowohl im Süß- als auch im Salzwasser und kommen in einer Vielzahl von Formen und Größen vor.

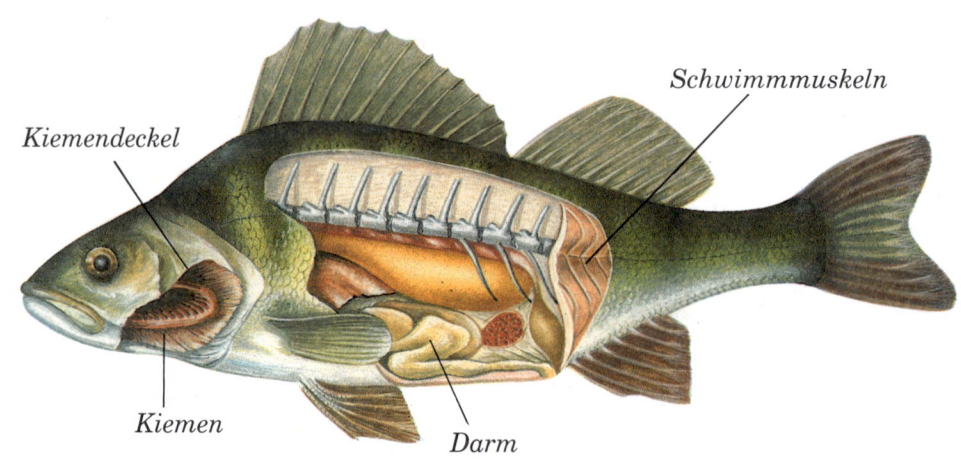

Kiemendeckel — *Schwimmmuskeln* — *Kiemen* — *Darm*

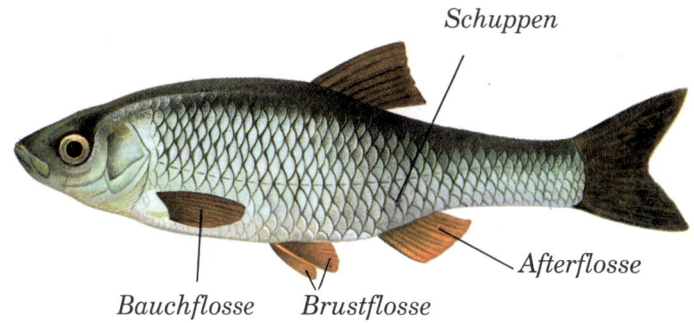

Die Flossen am Körper eines Fisches

Wie kann man das Alter eines Fisches feststellen?

Anders als an Land lebende Tiere, die mit Erreichen ihrer Reife zu wachsen aufhören, wachsen Fische ihr Leben lang. Je älter ein Fisch ist, um so größer wird er. Da die Anzahl der Schuppen, die den Fischkörper bedecken, gleich bleibt, wachsen sie mit und bilden Wachstumsringe, anhand deren sich das Alter des Fisches berechnen lässt.

Wie schwimmen Fische?

Die meisten Fische wedeln zum Schwimmen mit dem Körper, wobei der Vorwärtsschub durch Muskelkontraktionen verursacht wird, die in Wellenform den Körper entlanglaufen. Die starken Muskeln auf beiden Körperseiten können mitunter bis zu 75 Prozent des Gewichts ausmachen und sind in vielen Fällen der Teil des Fisches, den wir essen.

Welche Rolle spielen die Flossen beim Schwimmen?

Die Flossen der meisten Knochenfische dienen nicht dazu, den Fisch im Wasser voranzutreiben. Sie dienen vielmehr zum Manövrieren, d.h. sie helfen dem Fisch, einen geraden, gleichmäßigen Kurs durch das Wasser zu steuern. Dabei fällt jeder Flosse eine eigene Aufgabe zu. Die in Paaren vorhandenen Brust- und Bauchflossen kontrollieren die Neigung nach oben und unten und fungieren als Bremsen, wenn der Fisch sich nicht mehr vorwärts bewegen will. Die Rücken- und Afterflossen, von denen der Fisch jeweils nur eine besitzt, halten ihn aufrecht und verhindern, dass er sich um die eigene Achse dreht. Die Schwanzflosse schließlich dient als wirksames und wohlkonstruiertes Ruder.

Was ist ein Schwarm?

Ein Schwarm ist eine Ansammlung von Fischen, die zusammenleben. Die Form des Schwarms ist von Spezies zu Spezies unterschiedlich. Heringe bilden beispielsweise bandähnliche Schwärme, die mehrere Kilometer lang sein können. Andere, wie die Kalifornische Sardine, ballen sich dagegen zu einer kompakten Kugel zusammen, wenn sie erschreckt werden. Die moderne Hochseefischerei basiert weitgehend auf der Tatsache, dass Fische Schwärme bilden – ist es doch viel leichter, große Mengen eng beieinander stehender Fische zu fangen als einzeln verstreute.

Warum bilden Fische Schwärme?

Der Hauptgrund dafür, dass Fische Schwärme bilden, ist der, dass sie in der Masse sicherer sind. Man hat schwärmende Fische dabei beobachtet, wie sie einen Räuber in die Flucht schlugen, indem sie ihn zuerst einkreisten und dann verfolgten, wobei die Mitglieder des Schwarms ihre Bewegungen mit erstaunlicher Präzision aufeinander abstimmten. Es ist durchaus möglich, dass der Angreifer zu der Annahme verleitet wurde, es handle sich bei dem Schwarm um einen einzigen großen Fisch, woraufhin er beschloss, ihn lieber in Ruhe zu lassen!

Ein Fischschwarm

Wie vermeiden Schwarmfische Zusammenstöße miteinander?

Fische besitzen ein System, mit dem sie Bewegungen im Wasser spüren. Dieses so genannte *Seitenlinien-System* besteht aus einem mit Flüssigkeit gefüllten Kanal, der unmittelbar unter der Haut des Fisches verläuft und wie eine gemaserte Linie aussieht. Es befähigt den Fisch, Veränderungen des Wasserdrucks wahrzunehmen, die durch die Bewegungen anderer Fische ausgelöst werden – es ist, als würde er andere Fische fühlen, ohne sie zu berühren.

Seitenlinie

Ein Fisch, bei dem man die Seitenlinie deutlich sieht

Schlafen Fische?

Obwohl Fische ihre Augen nicht schließen können, weil sie keine Augenlider haben, schlafen sie, wozu sie sich oft am Grund oder in der Nähe von Wasserpflanzen niederlassen. Eine Fischart, der Papageifisch, hüllt sich in eine Decke aus Schleim ein, bevor er sich schlafen legt. Dieser Fisch verbringt am Abend nicht selten eine Stunde damit, sich ein Bett aus Schleim zu bauen.

Wie benutzt ein Fisch seine Schwimmblase?

Eine Schwimmblase ist einfach ein mit Luft gefüllter Sack im Inneren des Fischkörpers und dient zum Druckausgleich im Wasser. Nicht alle Fische besitzen ein solches Organ.

Warum legen Fische so viele Eier?

Fische legen deshalb eine so große Zahl von Eiern, weil die Chance, ein ausgewachsener Fisch zu werden, für Jungfische sehr gering ist. Die Mehrzahl der Fischarten legt Zehntausende von Eiern, um die sie sich dann nicht mehr kümmern und von denen viele, noch bevor die Jungen schlüpfen, gefressen werden. Diejenigen Fische, die sich in irgendeiner Weise um ihre Eier kümmern, wie etwa das Seepferdchen und der Stichling, legen dafür auch weniger Eier.

Was fressen Fische?

Obwohl die meisten Fische Fleischfresser sind, hängt das gesamte Leben im Meer letztlich von Pflanzen ab. Die Millionen winziger Pflanzen, die an oder knapp unter der Wasseroberfläche treiben – die so genannten Algen oder Diatomeen –, bilden die Nahrung vieler Kleintiere, wie zum Beispiel der Krustentiere. Diese Krustentiere werden von kleinen Fischen gefressen, die wiederum größeren Fischen als Nahrung dienen, wodurch eine *Nahrungskette* aus Tieren und Pflanzen entsteht. Es ist unerlässlich, dass das Gleichgewicht dieser Nahrungskette aufrechterhalten wird. Verringert sich beispielsweise auf Grund von Überfischung die Zahl einer bestimmten Fischart, kann dies weit reichende Konsequenzen für den Rest der Kette haben.

Der größte Fisch der Welt ist der Walhai.

Welches ist der größte Fisch?

Der größte lebende Fisch ist der Walhai, der bis zu 18 Meter lang werden kann. Er ist ein Filterfresser, der sich von kleinen Fischen und Plankton ernährt.

Kieferlose Fische

Warum finden Wissenschaftler kieferlose Fische so interessant?

Kieferlose Fische sind eine kleine Gruppe von Fischen, die aus Schleimaalen und Neunaugen besteht. Sie sind deshalb so interessant für die Wissenschaft, weil es sich um sehr einfache Wirbeltiere handelt, deren Vorfahren als Stammväter der echten Fische betrachtet werden. Ihr langer, aalähnlicher Körper besitzt keine Gliedmaßen, keine Schuppen, keinen Schädel und keine echten Knochen, und es fehlt ebenso wie den ersten Fischen ein Kiefer.

Wie fressen kieferlose Fische?

Sowohl Schleimaale als auch Neunaugen benutzen zum Fressen saugnapfähnliche Mäuler, obwohl ihr Fressverhalten sich ansonsten weitestgehend unterscheidet. Schleimaale bohren sich mit Hilfe einer rauen Zunge in schwache oder tote Fische, um dann das gesamte Fleisch zu fressen, bis nur noch Haut und Knochen übrig sind. Neunaugen dagegen leben als Parasiten. Sie benutzen mit scharfen, hornigen Zähnen gesäumte Saugnäpfe, um sich an anderen Fischen festzuklammern und sich dann von deren Blut zu ernähren.

Das saugnapfähnliche Maul eines Neunauges

Wie atmet ein Neunauge beim Fressen?

In der Regel atmen Neunaugen, indem sie Wasser durch das Maul aufnehmen, es über die Kiemen fließen lassen und durch Kiemenöffnungen an beiden Kopfseiten wieder herauspumpen. Wenn der Saugnapf jedoch gerade in Gebrauch ist, muss das Wasser durch die Kiemenöffnungen sowohl zu- als auch wieder abfließen.

Ein Neunauge hat sich an einer Forelle festgebissen und benutzt sie als Nahrungsquelle.

Warum sind Schleimaale so schleimig?

Die Haut eines Schleimaals ist über und über mit Drüsen bedeckt, die den Schleim absondern, der diesen Tieren ihren Namen gegeben hat. Wissenschaftler glauben, dass er als Schutzschicht dient.

Wo legen Neunaugen ihre Eier ab?

Obwohl die erwachsenen Neunaugen sowohl in Salz- als auch in Süßgewässern leben, schwimmen alle Neunaugen zur Eiablage in Süßgewässer. Dort legen sie eine große Menge Eier in Kiesnestern ab, wo aus den Eiern dann blinde, am Boden lebende Larven schlüpfen. Die Larven leben bis zu sechs Jahre lang in den schlammigen Flussbetten und ernähren sich während dieser Zeit von winzigen Pflanzen. Erst wenn sie sich zu erwachsenen Fischen entwickelt haben, stellen sie ihre Nahrungsgewohnheiten auf Blut um.

Fische

Haie und Rochen

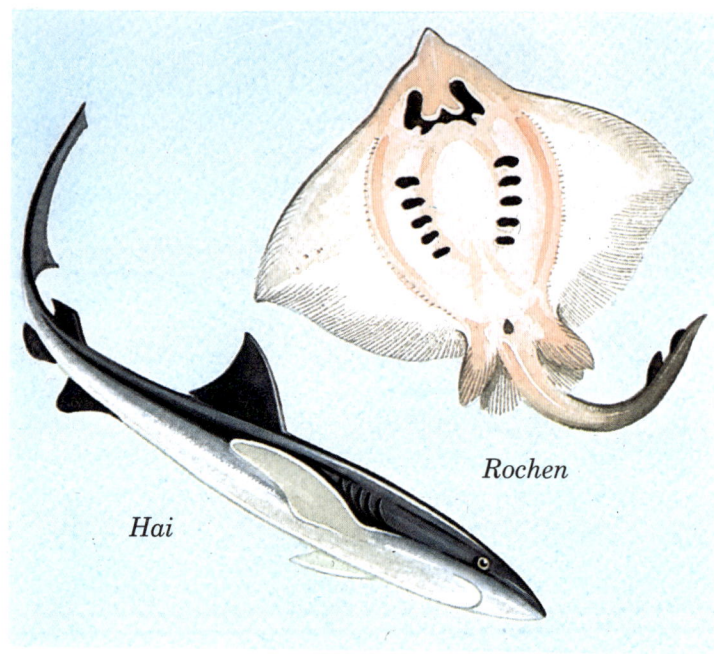

Rochen

Hai

Worin unterscheiden sich Haie und Rochen von Knochenfischen?

Haie und Rochen sind reine Meeresbewohner und unterscheiden sich von anderen Fischen hauptsächlich darin, dass sie ein Knorpelskelett besitzen. (Knorpel ist weicher als Knochen und elastisch.) Ihre Haut ist rau wie Sandpapier, und die Kiemen haben keine Schutzklappe, so dass die Kiemenschlitze deutlich zu erkennen sind. Ein weiterer Unterschied zu anderen Fischen besteht im Fehlen einer Schwimmblase: Haie und Rochen müssen unablässig schwimmen, um nicht auf den Meeresboden zu sinken.

Sind alle Haie gefährlich?

Von den mindestens 250 Haiarten, die es auf der Welt gibt, gelten nur etwa 25 als gefährlich für den Menschen. Zu ihnen gehören der Große Weiße Hai, der Hammerhai, der Tigerhai und der Mako. Der größte aus dieser Gruppe, der Große Weiße Hai, ist besonders berüchtigt, weil eine beträchtliche Anzahl von Angriffen auf Menschen bekannt sind. Tropische Strände in Gebieten, in denen immer wieder Haie auftauchen, werden oft durch Hainetze geschützt.

Wie kann man einen Hai anlocken?

Wissenschaftler, die frei lebende Haie beobachten wollen, bedienen sich einer einfachen Methode, um die Tiere anzulocken: Sie hängen vom Boot aus einen Brocken Fleisch als Köder ins Wasser. Falls es im Umkreis Haie gibt, führt sie ihr feiner Geruchssinn schon bald zum Köder. Unterwasserfotografen filmen die Haie aus dem Inneren spezieller Käfige heraus.

Warum hat der Hammerhai einen so seltsam geformten Kopf?

Hammerhaie sind aggressive Raubfische mit Augen und Nasenlöchern an beiden Enden des T-förmigen Kopfes. Niemand weiß genau, worin die Vorteile dieser Kopfform liegen. Eine Vermutung ist, dass der Hai beim Hin- und Herschwingen des Kopfes Gerüche aus einem weit größeren Umkreis prüfen kann, als dies der Fall wäre, wenn seine Augen und Nasenlöcher näher beieinander liegen würden.

Fuchshai

Hammerhai

Großer Weißer Hai

Wie viele „Garnituren" Zähne hat ein Hai?

Ein Hai kann bis zu fünf Zahngarnituren haben, die in Reihen hintereinander angeordnet sind. Wenn die vorderen Zähne am Außenrand des Gebisses verschlissen sind und ausfallen, rücken die Zähne aus der zweiten Reihe nach. Dieser Prozess der Zahnerneuerung hält während des gesamten Lebens an. Da die Zähne mit dem Hai wachsen, sind die nachrückenden Zähne zumeist größer als die, die sie ersetzen. Zu welchem Hai die ausgefallen Zähne einmal gehörten, lässt sich an der Form gut erkennen, denn sie ist jeweils unterschiedlich. Die Zähne des Großen Weißen Hais sind dreieckig, mit einer sägeförmig gezackten Kante, während die Zähne des Sandhais eher die Form eines Dolches haben.

Warum nennt man den Riesenmanta auch Teufelsrochen?

Man braucht sich diesen Fisch nur anzusehen, um zu wissen, warum! Mit den weit ausladenden „Flügeln" (in Wirklichkeit riesige Brustflossen), die eine Spannweite von bis zu sechs Metern erreichen können, gleitet er mühelos wie ein gespenstischer Vogel durch das Wasser. Seeleute hielten den unheimlich wirkenden Fisch für einen Unglücksboten, und Perlentaucher fürchteten, von den Rochenflügeln zerschmettert zu werden. Ihre Sorgen waren jedoch unberechtigt: Riesenmantas sind für den Menschen ungefährlich.

Der Riesenmanta kann einen Durchmesser von bis zu sechs Metern haben, ist aber für den Menschen ungefährlich. Er ist ein Filterfresser und ernährt sich von winzigem Plankton.

Wie setzt der Fuchshai seinen Schwanz zum Beutefang ein?

Der Schwanz des Fuchshais ist genauso lang wie der Rest des Körpers und dient dem Hai als Peitsche, mit der er schwärmende Fische zu einer dichten Masse zusammentreibt, bevor er sich über die Beute hermacht.

Was kann man tun, wenn sich ein Hai nähert?

Ruhe bewahren! Wenn man keine Möglichkeit hat, unverzüglich das Wasser zu verlassen, sollte man unbedingt vermeiden, ängstlich zu erscheinen. Ist ein Gegenstand zur Hand, sollte man damit auf den Hai einschlagen und so viel Lärm machen wie möglich. Die Überlebenschancen sind größer, wenn man dem Hai mit einem eigenen Schlag zuvorkommt.

Warum sind Haie so gräulich gefärbt?

Anders als Knochenfische, die Farben sehen können, nimmt ein Hai seine Umwelt Grau in Grau wahr. Das liegt daran, dass so gut wie allen Haiarten die Zäpfchenzellen (Farbrezeptoren) in den Augen fehlen. Da sie keine Farben sehen können, besteht keine Veranlassung, einen farbigen Körper zu besitzen.

Wie atmen Rochen?

Rochen sind platte, am Meeresgrund lebende Haie, deren Nahrung aus Weichtieren und Krustentieren besteht, die sie am Meeresboden ausgraben. Da sich ihr Maul an der Körperunterseite befindet, wären die Kiemen bald durch Schlamm und Sand verstopft, wenn sie auf diesem Weg das Wasser zum Atmen aufnehmen würden. Daher liegen die Atemlöcher, durch die sie Wasser aufnehmen und wieder ausstoßen, an der Körperoberseite hinter den Augen.

Süßwasserfische

Warum springen Lachse Wasserfälle hinauf?

Der Lachs ist ein bemerkenswerter Fisch. Nachdem das erwachsene Tier mehrere Jahre mit Fressen und Wachsen im Meer zugebracht hat, kehrt es zu dem Fluss zurück, in dem es geboren wurde, um dort zu laichen. Auf dem Weg flussaufwärts können Lachse bis zu drei Meter hohe Sprünge vollführen, um beispielsweise Stromschnellen zu überwinden. Nach dem Laichen sterben viele Lachse an den Anstrengungen der Reise.

Wie finden die Lachse den Weg zurück zu ihrem Geburtsort?

Niemand weiß genau, wie die Lachse nach Hause zurückfinden, obwohl es Hinweise gibt, dass sich die Tiere dabei zum Teil von ihrem Geruchssinn leiten lassen. Möglicherweise hat sich ihnen der Geruch des Flusses, in dem sie geboren wurden, unauslöschlich eingeprägt. Man nimmt darüber hinaus an, dass die Lachse einen eingebauten Kompass besitzen, den sie ebenso wie den Sonnen- und Sternenstand benutzen, um quer über den Atlantik nach Hause zurückzuschwimmen.

Hat das Vierauge wirklich vier Augen?

Das in Mittelamerika beheimatete Vierauge hat zwar nur zwei Augen, da diese jedoch deutlich vom Kopf abstehen und in jeweils zwei Hälften unterteilt sind, funktionieren sie wirklich wie vier Augen. Die beiden unteren Hälften dienen dem Tier zum Sehen unter Wasser und die beiden oberen zum Sehen über Wasser. Wenn das Tier an der Wasseroberfläche entlangschwimmt, kann es gleichzeitig über und unter Wasser nach Beute Ausschau halten.

Der Schlammspringer kann Luft atmen.

Lachse überwinden auf dem Weg zu ihren flussaufwärts gelegenen Laichplätzen sogar Stromschnellen.

Von welchem Fisch kann man einen elektrischen Schlag bekommen?

Der Zitteraal ist eines der wenigen Tiere, das seine Beute mit einem Stromstoß – der bis zu 500 Volt stark sein kann – tötet. Zitteraale leben in den trüben, sauerstoffarmen Flüssen des Amazonasbeckens und verlassen sich bei der Orientierung nicht auf die Augen, sondern auf Elektrizität. Sie senden schwache Stromimpulse aus, die von Objekten im Wasser zurückgeworfen werden und ihnen dadurch ein „elektrisches Bild" ihrer Umgebung vermitteln.

Welcher Fisch kann Luft atmen?

Da in warmem, abgestandenem Wasser sehr wenig Sauerstoff gelöst ist, haben manche Fische eine Art Lunge entwickelt, um unter diesen Bedingungen überleben zu können. Der Afrikanische Lungenfisch besitzt unterentwickelte Kiemen und schnappt deshalb regelmäßig an der Wasseroberfläche nach Luft, die er durch eine Öffnung im Schlund in ein Paar einfacher Lungen „schluckt". Die Wände dieser Lungen, die sich aus der Schwimmblase entwickelt haben, sind dicht mit Blutgefäßen besetzt, die den Sauerstoff aufnehmen. Auf diese Weise kann der Lungenfisch auch unter schwierigen Bedingungen überleben.

Wie wild sind Piranhas?

Die Wildheit der Piranhas ist geradezu sprichwörtlich. Ihr messerscharfes Gebiss wird von gewaltigen Muskeln betätigt und besteht aus großen, spitzen, dreieckigen Zähnen. Damit können die Fische Fleischstücke mit der Präzision eines Skalpells heraustrennen. Anders als die meisten Raubfische jagen Piranhas in Schwärmen. Man vermutet, dass ihr aggressives Verhalten mit der Brutzeit zusammenhängt, in der die Männchen die Eier bewachen. Man findet Piranhas in den Strömen und Flüssen Südamerikas. Sie werden von auffälligen Bewegungen und von Blutspuren im Wasser angelockt. Zuverlässige Augenzeugen berichten, dass ein 45 Kilogramm schweres Nagetier, wie etwa ein Aguti, in weniger als einer Minute bis auf die Knochen abgenagt werden kann.

Die Zähne des Piranhas

Welcher Fisch trägt den Namen eines Schwergewichtboxers?

Der einst als Aquarienfisch beliebte Jack Dempsey ist so aggressiv, dass man ihn nach einem amerikanischen Boxer benannt hat, der von 1919 bis 1926 Schwergewichtsweltmeister war. Der Jack Dempsey ist ein farbenfroher Fisch, der ziemlich groß wird und leicht gezüchtet werden kann.

Welcher Fisch ist ein Meisterschütze?

Der Schützenfisch besitzt die ungewöhnliche Fähigkeit, Insekten und andere Kleintiere abzuschießen, die sich auf Uferpflanzen niedergelassen haben. Dazu spritzt er mit dem Maul Wassertropfen, ähnlich den Schrotkugeln aus einem Luftgewehr. Die Wassertropfen treffen ahnungslose Insekten und stoßen sie von ihrem Rastplatz ins Wasser. Erwachsene Schützenfische können Insekten sogar noch aus einer Entfernung von 1,5 Metern treffen.

Ein Hecht frisst einen anderen Fisch.

Warum hat der Hecht einen so schlechten Ruf?

Der Hecht ist ein bekannter Raubfisch, der in stehenden Gewässern und träge dahinfließenden Flüssen lebt. Hinsichtlich seiner Größe und Wildheit gibt es viele übertriebene Berichte. Die mit langen, hakenförmigen Zähnen ausgerüsteten Hechte liegen die meiste Zeit zwischen Wasserpflanzen auf der Lauer. Im richtigen Moment schießen sie blitzartig hervor und ergreifen vorbeischwimmende Beutefische. Sogar kleine Vögel und Säugetiere stehen manchmal auf ihrer Speisekarte. Große Exemplare können bis zu 23 Kilogramm wiegen.

Warum bespritzt der Spritzsalmler Blätter mit Wasser?

Dieser südamerikanische Fisch legt seine Eier außerhalb des Wassers ab, um sie dem Zugriff von Raubfischen zu entziehen. Das Weibchen springt aus dem Wasser und klammert sich gerade lange genug an einem Blatt fest, um darauf einige Eier abzulegen. Dann springt das Männchen ebenfalls auf das Blatt und befruchtet die Eier. Das Männchen hält sich anschließend noch etwa drei Tage bei den Eiern auf, um sie so lange feucht zu halten, bis die Jungfische schlüpfen und ins Wasser fallen.

Welcher Fisch baut ein Nest aus Schaum?

Der Siamesische Kampffisch gehört zu den Fischen, die die Eier in ein so genanntes Schaumfloß legen. Wenn das Weibchen die Eier ablegt, befruchtet das Männchen sie zunächst, sammelt sie dann ein und spuckt sie in ein zuvor von ihm produziertes Schaumnest. Dann bewacht es das Nest und erneuert bei Bedarf den Schaum, bis die Jungen schlüpfen.

Männchen (oben) und Weibchen des Siamesischen Kampffisches

Wie baut der Stichling sein Nest?

Das Stichlingsmännchen verwendet zum Nestbau kleine Stücke von Wasserpflanzen, die es mit einem klebrigen Sekret aus seinen Nieren verbindet. Sobald es einen kleinen Haufen zusammengetragen hat, bohrt es einen Tunnel hinein – fertig ist das Nest. Dann stellt das Männchen seinen hellroten Bauch zur Schau, um ein Weibchen zur Eiablage anzulocken. Nach der Befruchtung bewacht das Männchen das Nest, bis die Jungen schlüpfen.

Kann der Kletterfisch wirklich auf Bäume klettern?

Obwohl man ihn selten auf Bäumen findet, ist diesem Fisch sein Name geblieben, seitdem 1791 ein Exemplar auf einer Palme entdeckt wurde. Der große Fisch aus den Gewässern Asiens besitzt ein spezielles „Labyrinthorgan", das ihn dazu befähigt, Luft zu atmen. Bemerkt der Kletterfisch, dass sein Lebensraum auszutrocknen droht, kann er sich aus dem Wasser hieven und über Land „robben". Dabei benutzt er die Brustflossen als Stelzen und stößt sich mittels kräftiger, windender Bewegungen des Schwanzes vorwärts.

Welche Fische können fliegen?

Der in Südamerika beheimatete Gemeine Beilbauchfisch und die mit ihm verwandten Arten sind die einzigen Fische, von denen man weiß, dass sie mit den Flossen Flugbewegungen ausführen (im Unterschied zum Gleitflug). Er benutzt dabei die langen Brustflossen als Flügel, deren Schläge in der Luft deutlich zu hören sind. Der Beilbauchfisch fliegt jedoch nur selten weiter als zwei Meter (Flugsprünge) und auch nur dann, wenn er sich bedroht fühlt.

Der Marmorierte (oben) und der Gemeine Beilbauchfisch

Welcher Fisch brütet seine Eier im Maul aus?

Viele afrikanische Buntbarsche, eine Familie von tropischen Süßwasserfischen, tragen ihre Eier im Maul mit sich herum, um sie vor Räubern zu schützen. Das Weibchen des Nilmaulbrüters behält beispielsweise seine Eier bis zur Schlupfreife im Maul, und scheint dann spuckend zu gebären. Nach dem Schlüpfen bleiben die Jungen noch eine Weile in der Nähe der Mutter und flüchten in ihr Maul, wenn Gefahr durch Raubfische droht.

Stichlingsweibchen legen Eier in ein vom Männchen gebautes Nest.

Meeresfische

Warum nennt man den Quastenflosser ein lebendes Fossil?

Quastenflosser sind große, schwergewichtige Fische, von denen man angenommen hatte, dass sie seit 70 Millionen Jahren ausgestorben seien. Als 1938 vor der südafrikanischen Küste ein lebender Quastenflosser gefangen wurde, war das, als hätte jemand einen lebenden Dinosaurier entdeckt! Lebende Quastenflosser haben große Ähnlichkeit mit ihren durch Fossilienfunde bekannten Vorfahren. Ihre lappigen Flossen besitzen eine fleischige Basis, die an die Anfänge von Gliedmaßen erinnert, und sie gebären lebende, bereits voll ausgebildete Junge. Die Forscher nehmen an, dass einige der ersten an Land lebenden Wirbeltiere wie Quastenflosser ausgesehen haben.

Der Quastenflosser, den man bis 1938 für ausgestorben hielt

Warum lässt sich der Schiffshalterfisch von einem Hai „per Anhalter" mitnehmen?

Der Schiffshalter ist ein Fisch, der es hasst, allein zu sein, und sich deshalb an einem Hai oder einem anderen großen Fisch festklammert. Er benutzt dazu eine starre Scheibe oben an am Kopf, die ihm als Saugnapf dient. Als „Trittbrettfahrer" profitiert er von Nahrungsresten, die der Hai übrig lässt. Als Gegenleistung befreit er den Hai von Parasiten, die sich auf seiner Haut festgesetzt haben.

Welche Fische schwimmen auf der Seite?

Alle Plattfischarten schwimmen auf der Seite. Ihr Körper hat sich „verdreht" und „verflacht": Eine Seite ist zum Rücken bzw. der Oberseite und die andere zur „blinden" Unterseite geworden. Die Schädelknochen haben sich dieser Form ebenfalls angepasst, die Augen liegen beide oben, und bei manchen Arten hat sich sogar das Maul nach oben verschoben. Der Rücken eines Plattfisches ist zumeist stark gefärbt, während die blinde Seite blass oder weiß ist. Plattfische leben für gewöhnlich am Meeresboden und sind in der Regel gut getarnt.

Können Fliegende Fische fliegen?

Fliegende Fische fliegen nicht, sondern gleiten durch die Luft, wobei sie ihre vergrößerten Brustflossen als Flügel benutzen. Unmittelbar vor dem „Start" schwimmt ein Fliegender Fisch mit hoher Geschwindigkeit Richtung Oberfläche. Sobald der Vorderteil des Körpers aus dem Wasser stößt, gibt der Fisch sich mit dem extra großen unteren Lappen der Schwanzflosse einen Stoß, breitet die Flossen aus und hebt ab. Ein Fliegender Fisch kann bis zu 90 Meter weit gleiten und sich dabei bis zu 1,5 Meter über die Wasseroberfläche erheben.

Welches ist der giftigste Fisch?

Der Steinfisch ist nicht nur der giftigste Fisch der Welt, er sieht dazu auch recht merkwürdig aus. Man findet ihn in den seichten tropischen Gewässern Südasiens und Nordaustraliens. Auf Grund der rauen, warzigen Haut und der gräulichen, gesprenkelten Färbung ist er jedoch nur äußerst schwer zu erkennen. An der Unterseite der 13 Rückenflossenstachel befinden sich riesige Giftdrüsen. Wer das Pech hat, auf einen dieser Stachel zu treten, empfängt eine tödliche Wunde.

Der giftige Steinfisch

Das Seepferdchen ist ein schlechter Schwimmer, obwohl es zu den Fischen gehört.

Bei welcher Gruppe von Fischen besitzt das Männchen einen Brutbeutel?

Bei den Seepferdchen und bei einigen Seenadelarten. Das Seepferdweibchen besitzt ein langes Eilegeorgan, mit dem es die Eier in den Beutel des Männchens legt. Die winzigen jungen Seepferdehen verlassen den Beutel etwa fünf Wochen nach dem Ablegen der Eier. Das Seepferdmännchen kann sich pro Jahr um bis zu drei Bruten kümmern, wobei jeweils bis zu 50 Eier abgelegt werden.

Warum ist der Blaufisch so gierig?

Der Blaufisch ist ein besonders gefräßiger Räuber und so gierig, dass er mehr Beutetiere tötet als er eigentlich fressen kann. Im Sommer treiben die Blaufische ganze Schwärme von Menhaden in seichte Buchten, bevor sie in einer an Raserei grenzenden Fressorgie über die Beute herfallen. Nach kurzer Zeit färbt sich das Wasser blutrot und ist mit toten und sterbenden Fischen übersät.

Wie reagiert der Igelfisch bei Gefahr?

Normalerweise trägt ein Igelfisch seine langen scharfen Stacheln am Körper anliegend. Beim ersten Anzeichen von Gefahr bläst er jedoch seinen Körper auf, indem er Wasser schluckt, wodurch die Stacheln steil vom Körper abstehen. Dadurch sieht er aus wie ein riesiges Nadelkissen.

Was ist so ungewöhnlich am Gotteslachs?

Der Gotteslachs hebt sich deutlich von allen anderen Fischarten ab, denn er kann riesengroß werden; man hat sogar schon Exemplare von 4 Metern Länge gefangen. Von der Seite betrachtet, scheint er fast rund zu sein und nur aus einem massiven Kopf und einer seltsam gekräuselten Schwanzflosse zu bestehen. Sein Maul ist für einen Fisch dieser Größe auffallend klein; seine Hauptnahrung bilden Quallen. Der Gotteslachs legt riesige Mengen von Eiern – im Bauch eines Weibchens hat man einmal 300 Millionen Eier gefunden!

Ist der Kugelfisch essbar?

Ja, aber nur, wenn er von einem speziell dafür ausgebildeten Koch zubereitet wird, denn seine inneren Organe enthalten ein tödliches Gift. In Japan, wo der Kugelfisch „Fugu" heißt, gilt er als Delikatesse, auch wenn die Gefahr besteht, daran zu sterben, wenn nicht alle giftigen Teile vor dem Verzehr sorgfältig entfernt wurden.

Warum ist das Fleisch eines Tunfisches dunkel und das eines Plattfisches weiß?

Tunfische sind kräftiger Schwimmer, deren Muskeln von vielen Blutgefäßen durchzogen sind, damit die Fische genügend Energie haben, um große Entfernungen zurücklegen zu können. Die langsam schwimmenden Plattfische brauchen dagegen keine so gute Blutversorgung, deshalb ist ihr Fleisch blasser.

Welche Fische werden von Hochseefischern gefangen?

Früher wurden vor allem solche Meeresfische gefangen, die in großen Schwärmen auftreten, wie Hering, Kabeljau, Tunfisch und Sardinen. Bei diesen gewaltigen Schwärmen können die Fischer viele Fische auf einen Schlag fangen. Die anderen Fischarten wie Scholle, Steinbutt, Seezunge und Heilbutt fängt man, indem man ein Netz am Meeresboden entlangschleppt. Die modernen Fischereiboote bedienen sich neuer Methoden, wie zum Beispiel der Wandnetze, die eine „Todeswand" formen, in der sich jeder vorbeischwimmende Fisch verfängt. Andere Boote sind mit Lichtern ausgestattet, um Fische anzulocken, die dann mit einer staubsaugerähnlichen Vorrichtung aus dem Meer gesaugt werden. Mit Hilfe dieser neuen Methoden fängt man zwar viele verschiedene Fische, da sie aber nicht alle essbar sind, werden viele sinnlos getötet.

Tiefseefische

Wie lebt ein Tiefseefisch?

Die Welt der Tiefseefische ist dunkel und kalt. Da in Tiefen unter 750 Metern kein Sonnenlicht mehr vordringen kann, können auch keine Pflanzen mehr wachsen. Es gibt wenig Nahrung, und so müssen sich Tiefseefische von anderen Tieren ernähren. Unter diesen schwierigen Bedingungen haben Tiefseefische spezielle Mechanismen entwickelt, die ihnen ein seltsames und mitunter ziemlich gefährliches Aussehen verleihen. Die meisten besitzen riesige, weit aufgerissene Mäuler mit messerscharfen Zähnen, und manche haben raffinierte Leuchtorgane entwickelt, mit deren Hilfe sie Geschlechtspartner und Beute anlocken.

Wie kommt der Tiefsee-Anglerfisch zu seinem Namen?

Weil er fischen geht! Dieser in der totalen Dunkelheit, in Meerestiefen bis zu 4000 Metern lebende, grimmig aussehende Fisch ist sowohl mit einer Angelrute als auch mit einem leuchtenden Köder ausgestattet. Die „Angelrute" an seiner Nase hat eine Schwellung an der Spitze, die in der Dunkelheit hell leuchtet und dadurch potenzielle Beutetiere anlockt. Sobald das Opfer nahe genug herangekommen ist, reißt der Anglerfisch sein schreckliches Maul auf und verschlingt die Beute.

Wie schafft es der Pelikanaal, problemlos große Beutetiere zu schlucken?

Das Geheimnis liegt in einem riesigen Kiefer und einem elastischen Magen. Der schwarze, schlanke Pelikanaal stopft sich wahllos Beute ins Maul, die er dann in den dehnbaren Magen hinunterwürgt. Nach einem schweren Mahl kann der Körper zuweilen so prall gefüllt und verformt sein, dass der Pelikanaal sich auf dem Meeresboden ausruhen muss, bis die große Mahlzeit verdaut ist.

Wie erkennen sich Laternenfische in der Dunkelheit?

Es gibt mehr als 200 Arten von Tiefsee-Laternenfischen, und alle besitzen Leuchtorgane. Die Form und Anordnung der Leuchtorgane ist nicht nur von Art zu Art verschieden, sondern auch zwischen den Geschlechtern, so dass sich Männchen und Weibchen im Dunkel der Tiefsee gut erkennen können.

Welches Fischmännchen wird zum Parasiten des Weibchens?

Das Männchen des Tiefsee-Anglerfisches ist im Vergleich zum Weibchen winzig. Sein einziger Lebenszweck besteht darin, ein Weibchen zu finden und sich an ihm festzuklammern. Das Männchen bohrt sich dabei in das Fleisch des Weibchens, so dass ihre Körper verschmelzen und das Männchen seine Nahrung aus dem Kreislauf des Weibchens erhält. Das Weibchen duldet den gutartigen Parasiten, weil es dafür die Garantie hat, das seine Eier befruchtet werden.

Zwei fremdartige Fischarten, die die Tiefsee bewohnen: der Pelikanaal (unten) und der Tiefsee-Anglerfisch (ganz unten).

REPTILIEN UND AMPHIBIEN

Was sind Amphibien?

Amphibien (die auch Lurche genannt werden) könnte man als Zwischenstufe zwischen den Reptilien und den Fischen bezeichnen. Die meisten Amphibien verbringen ihre erste Lebenshälfte im Wasser, wo sie mit Kiemen atmen, und leben später nach einer Umwandlung an Land. Sie besitzen eine weiche, feuchte Haut und legen ihre Eier im Wasser oder in feuchten Lebensräumen ab. Amphibien leben in Sümpfen und Marschen, im Meer können sie nicht überleben.

Worin unterscheiden sich Reptilien von Amphibien?

Reptilien (auch Kriechtiere genannt) haben, anders als die Amphibien, eine trockene, schuppige Haut. Ihre Eier sind vor dem Austrocknen durch Sonne und Wind durch eine wasserundurchlässige Schale geschützt. Daher können sie ihre Eier auch an trockenen Orten ablegen. Diesem Umstand haben es die Reptilien zu verdanken, dass sie sich fast überall auf der ganze Erde ausbreiten konnten. Zwar macht ihnen die Hitze in den Wüstengebieten nichts aus, aber die niedrigen Temperaturen an den beiden Polen können sie nicht überleben.

Wie viele Amphibienarten gibt es?

Verglichen mit den Fischen, Reptilien, Vögeln und Säugetieren ist die Gesamtzahl der heute noch lebenden Amphibienarten ziemlich gering. Die etwa 2300 Arten, die man kennt, kann man in drei Gruppen einteilen: Frösche und Kröten (Froschlurche); Molche und Salamander (Schwanzlurche); und Blindwühlen (in Höhlen lebende, gliederlose Amphibien, die nur in den Tropen vorkommen).

Wie viele Reptilienarten gibt es?

Die 6000 heute noch lebenden Reptilienarten sind die Überlebenden eines Zeitalters, in dem das Leben auf unserem Planeten von Reptilien beherrscht wurde. Von den ehemals 16 oder 17 verschiedenen Gruppen sind nur noch vier übrig geblieben: Land- und Wasserschildkröten; Krokodile und Alligatoren; Schlangen und Eidechsen; und ein Reptil, für das man eine eigene Gruppe geschaffen hat, nämlich Tuatara oder Brückenechse.

Wie atmen Amphibien?

Während ihres Larven- oder Kaulquappenstadiums atmen die meisten Amphibien durch Kiemen, an deren Stelle später beim Heranreifen zum Erwachsenenstadium Lungen treten. Erwachsene Amphibien atmen zusätzlich zu den Lungen noch durch die Haut, da die Lungen ziemlich einfach und schwach sind. Einige Amphibienarten verbringen ihr ganzes Leben im Wasser und behalten die Kiemen aus ihrem Larvenstadium. Eine Gruppe von Salamandern, die so genannten Lungenlosen Salamander, besitzen überhaupt keine Lungen und atmen nur durch die Haut.

Ein Axolotl

52

Wie alt werden Reptilien?

Die meisten Reptilien werden nicht älter als 20 Jahre. Einige Krokodile können so alt werden wie Menschen, und von der Riesenschildkröte heißt es, sie würde ein Alter von bis zu 200 Jahren erreichen.

Was bedeutet „wechselwarm"?

Der Ausdruck „wechselwarm" lässt sich auf alle Tiere anwenden, die zum Aufwärmen ihres Körpers auf die Umgebung angewiesen sind. Dazu gehören auch die Reptilien und Amphibien, denn sie sind unfähig, Körperwärme zu erzeugen und zu regulieren. Manchmal spricht man statt „wechselwarm" auch von „kaltblütig", obwohl das irreführend ist, denn kalt ist das Blut dieser Tiere nicht. Viele wechselwarme Tiere können Körpertemperaturen erreichen, die annähernd denen von Säugetieren entsprechen. Manche Eidechsen können sogar Temperaturen aufrechterhalten, die um einige Grade höher sind.

Ist es von Vorteil, ein wechselwarmes Tier zu sein?

Der Hauptvorteil wechselwarmer Tiere besteht darin, dass sie über lange Zeiträume hinweg ohne Nahrung auskommen können. Von einigen großen Schlangen weiß man beispielsweise, dass sie ein ganzes Jahr ohne Nahrung auskommen können, ohne dadurch Schaden zu nehmen. Der Grund dafür liegt darin, dass diese Tiere viel weniger Energie brauchen als Vögel und Säugetiere. Wenn die Lebensbedingungen sich verschlechtern, schränken wechselwarme Tiere ihre Aktivitäten weitgehend ein, die Körpertemperatur fällt, der Herzschlag verlangsamt sich, und sie machen lange Pausen zwischen den Atemzügen.

Schildkröten schlüpfen aus dem Ei.

Warum sind Reptilieneier selten farbig?

Im Unterschied zu Vogeleiern, die zum Zweck der Identifizierung und Tarnung farbige Muster haben, sind alle Reptilieneier weiß. Da die meisten Reptilien ihre Eier vergraben, besteht keine Notwendigkeit für eine tarnende Färbung.

Was ist eine Brückenechse?

Brückenechse oder Tuatara nennt man den einzigen Überlebenden einer weit verbreiteten Gruppe von Reptilien, die vor etwa 200 Millionen Jahren in Erscheinung traten und noch vor den Dinosauriern ihre Blütezeit hatten. Tuataras sind stämmige, kräftig gebaute Tiere mit einem großem Kopf und einer primitiven Wirbelsäule, die sich schwerfällig bewegen. Sie kommen nur noch auf einigen wenigen entlegenen Inseln vor der Küste Neuseelands vor, wo ihre Existenz nicht von Ratten bedroht ist.

Tuatara

Frösche und Kröten

Kröte

Molch

Frosch

Wie unterscheiden sich Frösche von Kröten?

Bei der Unterscheidung von Fröschen und Kröten kann vielleicht folgende Faustregel helfen: Frösche sind feucht, schleimig und hüpfen; Kröten sind trocken, warzig und laufen. Diese vereinfachte Regel lässt sich allerdings nicht auf alle Frösche und Kröten anwenden. In einigen Regionen gibt es durchaus trockene, warzige Frösche und feuchte, schleimige Kröten.

Worin besteht der Unterschied zwischen Froschlaich und Krötenlaich?

Frösche legen ihre Eier in einer schützenden, trüben Gallertmasse ab, während der Laich einer Kröte lang und strangartig ist und zumeist um Wasserpflanzen gewunden wird. Das Gallert, das die Eier beider Tiere umhüllt, schützt sie davor, gefressen zu werden, und wirkt gleichzeitig wie ein Treibhaus, das die Sonnenwärme einfängt und die Entwicklung der Eier beschleunigt.

Wie kommt die Geburtshelferkröte zu ihrem Namen?

Die Europäische Geburtshelferkröte verdankt ihren Namen den ungewöhnlichen Brutgepflogenheiten des Männchens. Dieses windet sich Stränge von befruchteten Eiern um die Hinterbeine und trägt sie die ganze Zeit mit sich herum, wobei es sie immer wieder anfeuchtet. Wenn die Zeit zum Schlüpfen gekommen ist, kehrt das Männchen ins Wasser zurück, wo die Kaulquappen schlüpfen.

Wovon ernähren sich Frösche und Kröten?

Alle Frösche und Kröten sind während ihres Erwachsenenstadiums Fleischfresser und ernähren sich in der Regel nur von lebender Beute, beispielsweise von Insekten, Spinnen, Schnecken und Würmern, obwohl einige größere Frösche, insbesondere die Hornfrösche und die Ochsenfrösche, auch kleine Säugetiere und andere Amphibien fressen können. Die meisten Frösche und Kröten haben eine lange, klebrige Zunge, die sie blitzartig hervorschnellen lassen können, um die ahnungslose Beute zu fangen.

Wie wird aus einer Kaulquappe ein Frosch?

Kaulquappen haben, wenn sie schlüpfen, kaum Ähnlichkeit mit ihren Eltern. Sie sind winzig klein, schwarz und atmen durch Kiemen. Sie schwimmen mit Hilfe eines fischähnlichen Schwanzes und ernähren sich streng vegetarisch. Nach acht Wochen haben sich die Hinterbeine ausgebildet, denen wenig später die Vorderbeine folgen. Nach 12 Wochen bildet sich der Schwanz zurück, anstelle der Kiemen entwickeln sich Lungen, und der Kopf wird froschähnlich. Schließlich kriecht der winzige Frosch an Land. Nun dauert es noch weitere drei Jahre, bis aus ihm ein vollständig erwachsener Frosch geworden ist.

Welcher Frosch wird kleiner, je älter er wird?

Der südamerikanische Paradoxfrosch ist höchst bemerkenswert, denn er beginnt sein Leben als riesige Kaulquappe – die manchmal die dreifache Größe eines erwachsenen Frosches hat –, die dann beim Heranreifen immer kleiner wird. Dabei scheinen selbst das Herz und der Darm mitzuschrumpfen. Niemand weiß bisher, welche Vorteile der Frosch dadurch hat.

Welche Frösche schlüpfen im Maul ihres Vaters?

Eine der seltsamsten Brutpflegemethoden wird vom Männchen des Darwinfrosches praktiziert, der im südlichen Chile vorkommt. Jedes Weibchen legt an einem feuchten Ort zwischen 20 und 40 Eiern ab, die dann von mehreren Männchen bis zu 20 Tage lang bewacht werden, bis es in den Eiern zu zappeln beginnt. Jedes Männchen nimmt dann 10 bis 15 Eier in sein Maul und lässt sie in die geräumigen Schallblasen gleiten, wo sie sich entwickeln. Im Maul des Vaters durchlaufen die Eier ein kurzes Kaulquappenstadium, bevor sie sich in winzige Frösche verwandeln.

Welcher Frosch ertrinkt, wenn man ihn ins Wasser wirft?

Im Gegensatz zu den meisten anderen Fröschen legt der südafrikanische Regenfrosch seine Eier nicht im Wasser ab. Dieser große Frosch, der den Großteil seines Lebens unterirdisch in trockenen Savannengebieten zubringt, kommt nur an die Oberfläche, wenn es regnet. Er kann weder hüpfen noch schwimmen: Wirft man ihn ins Wasser, ertrinkt er, es sei denn, er bläst seinen Körper auf und lässt sich an Land treiben.

Können Frösche auf Bäume klettern?

Überraschend viele Froscharten (etwa 500) verbringen ihr Leben in Baumwipfeln. Sie sind in der Regel klein, schmächtig und leuchtend gefärbt. An den Zehenspitzen besitzen sie spezielle Haftscheiben, die es ihnen ermöglichen, auf Bäume zu klettern, indem sie sich an Zweigen und Blättern festhalten. Die oft als Miniaturakrobaten bezeichneten, lebhaften und anmutigen Tierchen kommen hauptsächlich in den Tropen vor, obwohl sich einige wenige Arten, wie etwa der Europäische Baumfrosch, auch an kühleres Klima angepasst haben.

Wie verteidigt sich die Gemeine Kröte gegen Schlangen?

Wenn die Kröte keine Möglichkeit hat, vor der Schlange zu fliehen, versucht sie es mit einem Bluff. Sie stellt sich auf die Zehenspitzen, streckt die Beine, bläst sich auf und stellt sich der Schlange in Drohgebärde entgegen. Wenn die Kröte Glück hat, lässt sich die Schlange von dem offensichtlichen Größenzuwachs der Kröte einschüchtern und zieht ihrer Wege.

Warum sind einige südamerikanische Baumfrösche so bunt?

Südamerikanische Baumfrösche sind für gewöhnlich auffallend gefärbt. Diese Warntracht signalisiert Raubtieren, dass diese Tiere giftig sind. Ihre Haut ist, wie die aller Amphibien, mit Schleimdrüsen ausgestattet, die sie feucht halten. Bei den Baumfröschen erzeugen diese Drüsen jedoch auch ein Gift, das zuweilen so tödlich ist, dass es einen Vogel oder Affen auf der Stelle lähmen kann. Südamerikanische Indianer benutzen das Sekret des Goldenen Pfeilgiftfrosches, um damit die Spitzen ihrer Jagdpfeile zu bestreichen.

Südamerikanischer Baumfrosch mit Warntracht

Wie kümmert sich die Wabenkröte um ihre Jungen?

Die im nördlichen Südamerika heimische Wabenkröte legt ein bemerkenswertes Maß an elterlicher Fürsorge an den Tag. Während der Paarung beginnt die Rückenhaut des Weibchens anzuschwellen; dorthinein drückt das Männchen die befruchteten Eier. Die Eier kleben fest, das schwammige Gewebe wächst zusammen und schützt so die Eier vor Räubern. Jedes Ei entwickelt sich in einer eigenen Kammer, aus der nach drei Monaten die Jungfrösche schlüpfen.

Wozu dienen die Haare eines Haarfrosches?

Die Haare des in Westafrika beheimateten Haarfrosches sind keine Haare, sondern Hautfäden, die sich während der Brutzeit am Männchen ausbilden. Diese Fäden wirken wie ein zusätzliches Kiemenpaar, indem sie die Fläche vergrößern, über die Sauerstoff und Kohlendioxid ausgetauscht werden können.

Können Fliegende Frösche fliegen?

Fliegende Frösche fliegen nicht wirklich, sondern gleiten nur von einem Baum zum anderen. Der in Südostasien vorkommende Wallace-Flugfrosch zum Beispiel ist ein hoch spezialisierter Frosch, der von Baum zu Baum eine Entfernung von 15 Metern im Gleitflug zurücklegen kann. Die zusätzlichen Hautlappen, die die vorderen und hinteren Gliedmaßen umsäumen, und die vergrößerten Schwimmfüße verleihen dem zartgliedrigen Frosch, wenn er durch die Luft gleitet, das Aussehen eines lebenden Fallschirms.

Molche und Salamander

Was unterscheidet einen Molch von einem Salamander?

Sowohl Molche als auch Salamander besitzen einen gestreckten Körper, einen langen Schwanz und zwei Paar gleich entwickelter, obwohl mitunter schwacher Beine. Salamander sind in der Regel größer und halten sich seltener im Wasser auf als Molche. Salamander werden häufig mit Eidechsen verwechselt, obwohl der runde Kopf und die weiche Haut (im Gegensatz zum spitzen Kopf und zur schuppigen Haut der Eidechsen) sichere Unterscheidungsmerkmale sind.

Wie kann man einen männlichen Molch von einem weiblichen unterscheiden?

Während der Fortpflanzungszeit legen die Molchmännchen ihren Putz an: Die Farben leuchten heller, und ihnen wächst am Rücken ein Hautkamm. Dieser Unterschied zum Weibchen ist am Alpen-, Kamm- und Teichmolch zu beobachten.

Woher rührt der Glaube, dass Salamander im Feuer geboren werden?

Feuersalamander sind leuchtend hell gefärbte Amphibien, die gern in feuchten Holzstapeln leben. Wenn das Holz verfeuert wird, krabbeln die Salamander heraus, um nicht zu verbrennen. Daher glaubten die Menschen früher, dass die Tiere im Feuer geboren worden seien. Die intensive Färbung soll andere Tiere davor warnen, dass der Feuersalamander giftig ist.

Marmormolch

Kamm-Molch

Teichmolch (Männchen)

Teichmolch (Weibchen)

Kaulquappe

Fadenmolch

Feuersalamander

Brillensalamander

Welcher Lurch wird nie erwachsen?

Der mexikanische Axolotl wird oft als der Peter Pan der Amphibienwelt bezeichnet, da er sich selten bis zum Erwachsenenalter entwickelt. In Fällen, in denen er sein ganzes Leben im Wasser bleiben kann, schafft es der Axolotl, das Erwachsenenstadium zu umgehen, und pflanzt sich als Larve oder Kaulquappe fort. Wenn jedoch das Wasser, in dem er lebt, austrocknet, entwickelt sich der Axolotl zu einem mit Lungen ausgestatteten erwachsenen Tier.

Was ist ein Olm?

Der Olm ist einer der seltsamsten Lurche, die man kennt; lange Zeit waren sich die Wissenschaftler nicht einig, ob sie ihn zu den Fischen oder den Amphibien zählen sollten. Olme sind blind und blass, haben kurze, dünne Beinchen und ein aalähnliches Aussehen. Sie verbringen ihr ganzes Leben in Höhlenseen und kommen über das Larvenstadium nicht hinaus. Ebenso wie der mexikanische Axolotl legen sie die fedrigen Kiemen nie ab.

Land- und Wasserschildkröten

*Griechische
Landschildkröte*

Sumpfschildkröte

Wo leben Land- und Wasserschildkröten?

Beide Schildkröten gehören zur selben Gruppe von Reptilien, nämlich zu den Chelonien, unterscheiden sich jedoch, wie die Namen schon andeuten, hinsichtlich ihres Lebensraums. Diejenigen Chelonien, die im Süßwasser leben, nennt man Dosen- oder Sumpfschildkröten.

Warum besitzt die Afrikanische Weichschildkröte einen weichen, flachen Panzer?

Die Afrikanische Weichschildkröte zieht sich bei Bedrohung nicht in ihren Panzer zurück, sondern flüchtet schnell in den nächsten Felsspalt. Dort bläst sie ihren Körper auf, so dass man sie nur mit größter Mühe herausziehen kann.

Warum bewegen sich Schildkröten so langsam?

Schildkröten brauchen sich nicht schnell bewegen zu können, da sie einen schützenden Panzer mit sich herumtragen. Beim ersten Anzeichen von Gefahr ziehen sie Kopf und Gliedmaßen in den Panzer und schieben die verletzlichen Teile erst wieder heraus, wenn die Gefahr vorüber ist. Weil sie so langsam und träge sind, brauchen sie nur sehr wenig Energie.

Warum legt die Suppenschildkröte Hunderte von Kilometern zurück, um ihre Eier abzulegen?

Während der Brutzeit legen alle Suppenschildkröten Hunderte von Kilometern zurück, um ihre Eier an dem Strand abzulegen, an dem sie selbst geboren wurden. Die vor der Küste Brasiliens lebenden Schildkröten schwimmen beispielsweise zur Eiablage mehr als 2000 Kilometer bis zu der einsamen Insel Ascension mitten im Atlantischen Ozean. Das hängt damit zusammen, dass Südamerika vor langer Zeit mit Afrika zusammenhing und dann beim Auseinanderdriften der Kontinente die Kluft zwischen der Insel Ascension und der Küste Brasiliens immer größer wurde. Die Schildkröten unternehmen die Reise jedoch unabhängig von der Entfernung bis zum heutigen Tag.

Wie kommt die Dosenschildkröte zu ihrem Namen?

Die Panzer von Schildkröten bestehen aus zwei Teilen: einem oberen, gewölbten Teil (dem Rückenpanzer) und einem unteren Teil (dem Bauchpanzer). Bei der Amerikanischen Dosenschildkröte ist der Bauchpanzer mit Scharnieren versehen, so dass sich das Tier bei Gefahr völlig in eine „Dose" einschließen kann.

Woher kommt das Schildpatt?

Schildpatt wurde früher oft als dekorative Einlage in Möbelstücken und bei der Schmuckherstellung verwendet. Es stammt von der Echten Karettschildkröte, die in warmen tropischen Gewässern beheimatet ist. Die Knochenschale der Karettschildkröte ist mit harten, einander überlappenden Schuppen bedeckt, aus denen das Schildpatt hergestellt wurde.

Wie fängt die Geierschildkröte ihre Beute?

Die nordamerikanische Geierschildkröte ist die größte unter den Süßwasserschildkröten; sie kann eine Länge von bis zu 90 Zentimetern erreichen. Mit geöffnetem Maul lauert sie im schlammigen Grund langsam fließender Gewässer. An der Innenseite des Unterkiefers befindet sich eine seltsame, wurmähnliche Zunge, die sich wie ein echter Wurm hin- und herschlängelt. Von diesem Köder werden ahnungslose Fische und selbst kleine Enten angelockt und dann vom kräftigen, hakenförmigen Maul der Schildkröte gepackt und verschlungen.

Krokodile und Alligatoren

Warum sind Nilkrokodile gute Eltern?

Die meisten Reptilien kümmern sich nach dem Legen nicht mehr um ihre Eier, nicht so die Krokodile und Alligatoren. Bei den Nilkrokodilen bewachen beide Eltern die Eier 90 Tage lang, bis die Jungen zum Schlüpfen bereit sind. Wenn der Augenblick gekommen ist, gräbt die Mutter die Eier aus, und beide Eltern nehmen die frisch geschlüpften Jungen sanft ins Maul. Dann bringen sie die Jungen zu einer speziellen „Kinderstube" im Sumpf, wo sich die Eltern weitere drei bis sechs Monate lang um den Nachwuchs kümmern, bis die Jungen selbstständig sind.

Worin besteht der Unterschied zwischen einem Krokodil und einem Alligator?

Man kann Krokodile und Alligatoren leicht verwechseln; beide besitzen einen gepanzerten Körper und ein langes, kräftiges Maul. Doch sie lassen sich leicht an der Kopfform unterscheiden. Krokodile haben eine schmale, spitze Schnauze, und aus dem Unterkiefer stehen bei geschlossenem Maul vier Zähne hervor. Alligatoren haben im Unterschied dazu eine breite, runde Schnauze.

Krokodilkopf

Krokodil

Alligatorkopf

Welches Krokodil ist das gefährlichste?

Das Leistenkrokodil ist von allen Krokodilen das größte und gefährlichste und greift sogar Menschen an. Es lebt hauptsächlich in Küstenregionen, Flussmündungen und Sümpfen und ist in der Lage, weit ins Meer hinauszuschwimmen.

Weinen Krokodile?

Krokodile weinen nicht, weil sie unglücklich sind, sondern um dem Körper Salz zu entziehen. Krokodile, die stark salzhaltige Nahrung zu sich nehmen, wie etwa das Leistenkrokodil, besitzen spezielle, salzabsondernde Drüsen neben den Augen.

Welches Krokodil hat einen Kopf, der wie eine Bratpfanne aussieht?

Die lange, schmale Schnauze des Indischen Gavials steht aus dem runden, abgeplatteten Kopf hervor – wie der Griff einer Bratpfanne. Während der Fortpflanzungszeit entwickelt sich an der Nasenspitze des Männchens eine Schwellung, durch die sich Weibchen angezogen fühlen. Die lange Schnauze ist besonders vorteilhaft beim Fischfang.

Indischer Gavial

Schlangen und Eidechsen

Klapperschlange

Sind alle Schlangen giftig?

Von den rund 2700 Schlangenarten, die es gibt, ist etwa ein Drittel giftig. Das Schlangengift ist in speziellen Giftdrüsen im Kopf der Schlange gespeichert. Diese Giftdrüsen sind mit hohlen oder gerillten Giftzähnen verbunden. Wenn sich die Giftzähne in die Haut eines Opfers bohren, spritzt das Gift in seinen Körper. Die einzige bei uns heimische Giftschlange ist neben der seltenen Aspisviper die Kreuzotter.

Was ist ein Eizahn?

Ein Eizahn ist ein großer, scharfer Zahn, mit dessen Hilfe sich die Schlangen- und Eidechsenbabys aus der zähen, lederartigen Eischale befreien. Dieser Zahn entwickelt sich an der Nasenspitze und fällt ab, sobald die Schlange oder Eidechse aus dem Ei geschlüpft ist.

Können Schlangen hören?

Schlangen haben keine Ohren, können also auch nicht hören wie wir. Sie besitzen jedoch innere Organe, mit deren Hilfe sie Bodenvibrationen wahrnehmen können. Dadurch können sie Beutetiere oder Feinde, die sich nähern, schon von weitem spüren.

Warum züngeln Schlangen?

Schlangen benutzen ihre gespaltene Zunge, um die Luft zu prüfen und zum Gaumendach zu fächeln, wo ein spezielles Organ sitzt, das Duftstoffe wahrnehmen kann. Alle Schlangen sind mit diesem empfindlichen Organ ausgestattet. Es ermöglicht ihnen, Spuren zu wittern, zu verfolgen und die Beute aufzuspüren.

Warum streifen Schlangen ihre Haut ab?

Bei allen Lebewesen nutzt sich die Haut mit der Zeit ab. Alte Haut wird abgestoßen, neue wächst nach, auch beim Menschen. Da die zähe Haut einer Schlange nicht mitwächst, muss sie sich häuten, das heißt, die Haut, ähnlich wie einen zu eng gewordenen Mantel, von Zeit zu Zeit komplett ablegen.

Wie klappern Klapperschlangen?

Der Schwanz einer Klapperschlange besteht aus harten, glockenförmigen, miteinander verzahnten Segmenten (Abschnitten). Bei jeder Häutung kommt ein neues Segment hinzu. Statt jedoch zusammen mit dem Rest der Haut abgeworfen zu werden, bleibt das alte Segment in den Rillen des neuen hängen. Wenn sich die Schlange bedroht fühlt, lassen ihre starken Muskeln ihren Schwanz schnell vibrieren, wodurch die Segmente aneinander reiben und klappern.

Schlange bei der Häutung

Wie merkt man, dass die Häutung bevorsteht?

Kurz vor der Häutung werden die Augen der Schlange trübe, und die Haut wird matt. Das liegt daran, das sich zwischen der alten und der neuen Haut eine milchige Flüssigkeit sammelt. Nach wenigen Tagen werden die Augen wieder klar, und die alte Haut beginnt, sich vom Kopf an abzuschälen, wodurch die leuchtend kräftigen Farben der darunter liegenden neuen Haut sichtbar werden. Die alte Haut bleibt mitunter wie ein zusammengeknüllter Strumpf in einem Stück zurück.

Wie finden Klapperschlangen im Dunkeln ihre Beute?

Klapperschlangen und andere Grubenottern bedienen sich einer einmaligen Methode, um in der Dunkelheit Beute aufzuspüren. Vor ihren Augen sitzen in zwei kleinen Grübchen empfindliche Wärmefühler, die selbst den winzigsten Temperaturanstieg feststellen können, der durch die Anwesenheit eines warmblütigen Tieres verursacht wird. Die Wärmefühler informieren die Schlange über die Entfernung und den Standort der Beute, so dass sie selbst bei völliger Dunkelheit präzise zubeißen kann.

Haben Giftschlangen Feinde?

Überraschenderweise haben sogar die allergiftigsten Schlangen Feinde. Der indische Mungo tötet Kobras, indem er ihnen das Genick durchbeißt, noch bevor sie zurückschlagen können. Greifvögel, wie Adler und Falken, können Schlangen töten, indem sie sie mit Schnabel und Krallen zerfleischen. Die Gemeine Königsnatter frisst Giftschlangen, nachdem sie sie erwürgt hat; sie scheint gegen das Gift immun zu sein und kämpft erst mit Klapperschlangen, bevor sie sie mit dem Kopf voraus verschlingt. Die schlimmsten Feinde der Giftschlangen sind jedoch wir Menschen, da wir ihren Lebensraum zerstören.

Ein Mungo tötet eine Schlange.

Welches ist die längste Schlange der Welt?

Die längste jemals gemessene Schlange war mit 10 Metern eine Netzpython, die 1912 in Indonesien erlegt wurde. Man nimmt an, dass die kräftiger gebauten Anakondas sogar noch länger werden können; die längste, die man bisher gemessen hat, war aber nur neun Meter lang.

Eierschlangen können den Kiefer aushängen und auf diese Weise ganze Eier verschlingen.

Wie stellen es Schlangen an, ganze Eier zu verschlucken?

Obwohl der Hals einer afrikanischen Eierschlange nicht viel dicker ist als ein menschlicher Finger, kann sie verhältnismäßig leicht ein Hühnerei verschlucken. Sie windet dazu als Erstes den Körper um das Ei, um es festzuhalten. Dann hängt sie den Kiefer aus, um anschließend mit einigen langsamen Schlucken das unversehrte Ei zu verschlingen. Im Körper wird es mit abwärtsgewandten Wirbelfortsätzen im Schlund wie mit einer scharfen Säge aufgebrochen. Der Eiinhalt gleitet dann zur Verdauung in den Magen, während die Schale zusammengepresst und erbrochen wird.

Können sich Schlangen geradlinig fortbewegen?

Normalerweise denken wir bei Schlangen an Lebewesen, die sich in S-Kurven am Boden entlangschlängeln. Dicke Schlangen können sich jedoch, besonders, wenn sie sich an Beute anschleichen, in schnurgerader Linie vorwärts bewegen. Sie ziehen dazu die Bauchmuskeln zusammen und können sich mit Hilfe spezieller Schuppen an der Unterseite des Körpers am Boden festhalten.

Wie töten Riesenschlangen ihre Beute?

Alle Pythons und Boas gehören zu den Riesenschlangen. Bei der Jagd ergreifen sie zunächst ein Tier mit dem Maul und winden dann den Körper um seine Brust. Sie drücken die Beute so fest, dass sie nicht mehr atmen kann und erstickt. Danach schlingen sie ihr Opfer im Ganzen hinunter.

Wie kommt der Seitenwinder zu seinem Namen?

Die Seitenwinder-Schlange verdankt ihren Namen den anmutigen Seitwärtsbewegungen, mit denen sie sich über den heißen Wüstensand bewegt. Sie berührt dabei den Boden nur an jeweils zwei Stellen und stößt sich mit einer Reihe seitlicher Sprünge vorwärts. Dadurch bleibt ein Muster im Sand zurück, das an die Sprossen einer Leiter erinnert. Auf diese Weise verringert die Schlange soweit wie möglich den Körperkontakt mit dem heißen Sand.

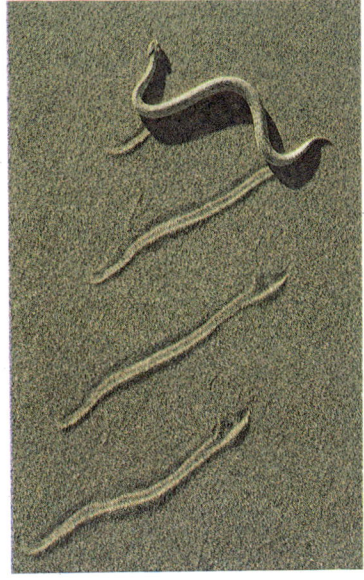

Seitenwinder

Wie entkommen Eidechsen hungrigen Räubern?

Wenn Eidechsen von einem Räuber am Schwanz gepackt werden, bedienen sie sich einer speziellen Verteidigungsmethode: Sie werfen kurzerhand den Schwanz ab! Während der Räuber sich noch mit dem zuckenden Schwanz beschäftigt, bringt sich die Eidechse in Sicherheit. Später wächst ein neuer Schwanz nach.

Wie kontrollieren Eidechsen ihre Körpertemperatur?

Eidechsen haben wie viele andere Reptilienarten spezielle Verhaltensweisen entwickelt, um ihre Körpertemperatur zu regulieren. Am Morgen, wenn der Körper noch kalt ist, legt sich die Eidechse auf eine schräge Oberfläche, um sich von der Sonne bescheinen zu lassen. Wenn es dem Tier zu heiß wird, erhebt es sich ein wenig, so kann zur Abkühlung Luft an den Bauch gelangen.

Wovon ernähren sich die Meerechsen?

Die auf den Galapagos-Inseln beheimatete Meerechse ist die einzige heute noch lebende Eidechse, die auf dem Meeresgrund nach Nahrung sucht. Sie ernährt sich fast ausschließlich von Seegras.

Wie fängt ein Chamäleon seine Beute?

Chamäleons sind hoch spezialisierte Baumeidechsen, die für die Fähigkeit bekannt sind, die Farbe der Umgebung anzunehmen. Sie fangen ihre Beute mit Hilfe einer extrem langen, klebrigen Zunge, die so blitzschnell aus dem Maul hervorschießt, dass kaum ein Insekt ihr entkommen kann. Hat das Chamäleon ein geeignetes Opfer gesichtet, beginnen beide Augen unabhängig voneinander zu arbeiten, um ein möglichst klares Bild der Beute zu erhalten. Man könnte sagen, dass das Chamäleon die beste Rundumsicht von allen Reptilien hat.

Welche Eidechse speichert Nahrung in ihrem Schwanz?

Die Gila-Krustenechse ist eine kurzbeinige, stämmige Eidechse, die im Südwesten der Vereinigten Staaten vorkommt. Ihr Körper ist mit leuchtend gefärbten, perlähnlichen Schuppen bedeckt. Da sie in Wüstengegenden lebt, in denen es wenig Nahrung gibt, hat sie die Fähigkeit entwickelt, Fett zu speichern, und zwar im Schwanz. Von diesem Fett lebt sie, wenn sie keine andere Nahrung finden kann. Wenn es Nahrung im Überfluss gibt, frisst sie so viel wie möglich, um erneut einen Fettvorrat anzulegen.

Speit der Komodo-Waran Feuer?

Komodo-Waran

Im Gegensatz zu den geflügelten Ungeheuern in Märchen und Sagen kann der Komodo-Waran weder Feuer speien noch fliegen. Das kräftig gebaute Tier mit seinem riesigen Kopf und dem langen dicken Schwanz ist die größte Fleisch fressende Eidechse und lebt auf einigen Inseln in Indonesien.

VÖGEL

Wie viele Vogelarten gibt es?

Vögel kommen in rund 8600 Arten vor, die mit Ausnahme der tiefen Meere praktisch alle Lebensräume der Erde besiedelt haben. Obwohl sie sich in Größe, Form und Farbe unterscheiden, haben sie doch alle eines gemeinsam: die Federn. Hierin unterscheiden sie sich von allen anderen Angehörigen des Tierreichs.

Können alle Vögel fliegen?

Nicht alle Vögel können fliegen. Pinguine können beispielsweise nicht fliegen und benutzen ihre Flügel stattdessen als Flossen zur Fortbewegung im Wasser. Einige Kormoranarten haben ihre Flugfähigkeit ebenfalls eingebüßt. Ihr Körper hat sich derart gut an das Leben im Wasser angepasst, dass diese Vögel zwar hervorragend schwimmen und tauchen können, die Flügel jedoch zu schwach geworden sind, um den Körper zu tragen. Einige fluguntüchtige Landvögel, wie der australische Emu, besitzen dafür kräftige Hinterbeine. Sie ermöglichen dem Vogel, große Entfernungen zu Fuß zurückzulegen und Gefahren mit erstaunlicher Schnelligkeit zu entfliehen.

Welches ist der größte lebende Vogel?

Mit einer Größe von 2,5 Metern und einem Gewicht von bis zu 136 Kilogramm ist der afrikanische Strauß der größte lebende Vogel. Er ist zwar zu schwer zum Fliegen, ist dafür aber das schnellste Lebewesen auf zwei Beinen und kann eine Geschwindigkeit von bis zu 70 km/h erreichen.

Der Strauß kann nicht fliegen.

Hummelkolibri

Welches ist der kleinste lebende Vogel?

Der kleinste Vogel ist der Hummelkolibri. Mit seinem Gewicht von nur 2 Gramm ist er nicht größer als ein großes Insekt – es gibt sogar Käfer, die 20-mal mehr wiegen als dieser winzige Vogel.

Warum fallen Vögel beim Schlafen nicht vom Ast?

Mehr als die Hälfte aller Vögel zählen zu den Sperlingsvögeln, auch Singvögel genannt. Sie sind meistens klein und besitzen je vier gleichgerichtetete Zehen und eine nach hinten gerichtete großen Zehe. Damit lassen sich Zweige und kleine Äste gut umklammern. Wenn der Vogel auf einem Sitz landet, ziehen sich die Fußsehnen durch das Körpergewicht zusammen, so dass die Zehen den Zweig oder Ast fest umklammern. So hat der Vogel auch im Schlaf festen Halt.

Federn

Warum haben Vögel Federn?

Es gibt zwei wichtige Gründe, warum Vögel Federn haben: Sie halten warm und ermöglichen das Fliegen. Die Federn können den Vögeln darüber hinaus auch ein auffälliges Aussehen verleihen, das sie für Angehörige des anderen Geschlechts anziehend macht. Im Vergleich zur Isolierung und zur Flugfähigkeit ist dies jedoch von untergeordneter Bedeutung.

Woraus bestehen Federn?

Federn bestehen aus einer hornigen Eiweißsubstanz, dem so genannten Keratin. Aus derselben Substanz bestehen auch die Haare und Fingernägel des Menschen, wobei die Federn allerdings anders konstruiert sind. Da Keratin zugleich leicht, fest und biegsam ist, stellt es das ideale Material für Federn dar.

Wie viele Federn hat ein Vogel?

Darauf kann man keine allgemeine Antwort geben. Vögel können beliebig viele Federn haben, je nachdem, welcher Art sie angehören: Je kleiner der Vogel, desto weniger Federn hat er. Das Federkleid eines Kolibris kann aus weniger als tausend Federn bestehen, während ein größerer Vogel, wie zum Beispiel ein Schwan, mindestens 25 000 Federn hat. In der Regel haben Vögel im Winter mehr Federn als im Sommer, um sich gegen das kalte Wetter zu schützen.

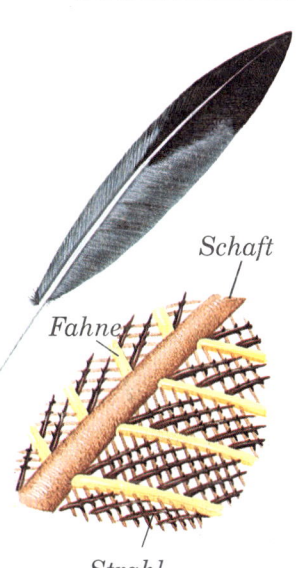

Was ist das Besondere an der Konstruktion einer Feder?

Der Aufbau einer Feder ist sehr raffiniert, obwohl es auf den ersten Blick nicht so scheinen mag. Von einem zentralen, hohlen Schaft führen nach beiden Seiten zarte Äste weg, die so genannten Fahnen, von denen jede in noch kleinere Äste ausfranst, die man als Strahlen bezeichnet. Bei den Flügelfedern sind diese Strahlen wie Haken miteinander verzahnt, so dass sie eine durchgehende, glatte Oberfläche bilden, über die die Luft hinwegfließen kann.

Schaft

Fahne

Strahl

Das wunderschöne Federkleid des Paradiesvogels dient zum Anlocken des anderen Geschlechts.

Wie viele verschiedene Arten von Federn gibt es?

Es gibt vier Haupttypen von Federn: Daunenfedern, Körperfedern, Flügelfedern und Schwanzfedern. Daunenfedern sind in erster Linie für die Isolierung zuständig – dank ihrer weichen und flaumigen Struktur können sie ein Luftpolster einschließen und bieten so dem Vogel eine hervorragende Isolierung. Körperfedern sind an der Unterseite flaumig und an der Oberseite weich. Nur die Strahlen an der Spitze sind miteinander verzahnt, so dass diese Federn den Körper windschnittig machen und so die Flugtüchtigkeit erhöhen. Flügelfedern sind robust gebaut und speziell geformt, um dem Vogel Auftrieb zu geben und ihn manövrierfähig zu machen. Die Schwanzfedern schließlich dienen zum Steuern, zum Ausbalancieren und zur Balz.

Warum können Vögel fliegen?

So gut wie jeder Teil des Vogelkörpers ist in idealer Weise für das Fliegen konstruiert. Die aerodynamischen Flügel und die schlanke Körperform machen sie windschnittig; die Knochen sind extrem leicht, die Muskeln, insbesondere die Brustmuskeln, kräftig. Da das Fliegen viel Energie kostet, besitzen Vögel extrem leistungsfähige Lungen. Außerdem ist ihr Verdauungssystem in der Lage, Nahrung außergewöhnlich schnell in Energie umzuwandeln.

Wie nutzen Meeresvögel den Wind zum Fliegen?

Meeresvögel lassen sich im Wind nach unten gleiten, bis sie knapp über der Meeresoberfläche sind, und drehen sich dann scharf in den Wind, so dass sie von ihm wieder emporgetragen werden. Dabei wird der Vogel um so weiter nach oben getragen, je stärker der Wind ist. Sobald der Vogel genügend Höhe erreicht hat, dreht er und gleitet wieder nach unten, wobei er seine schlanken, spitzen Flügel voll aufspannt. Auf diese Weise können Meeresvögel große Entfernungen zurücklegen, ohne ihre gesamte Energie zu verbrauchen.

Wie unterscheiden sich die Flügel der verschiedenen Vogelarten?

Die Flügel unterscheiden sich zwar je nach dem unterschiedlichen Lebensstil der Vögel in Größe und Form, folgen jedoch alle demselben Grundmuster. Der äußere Teil des Flügels, von dem die langen Schwungfedern abgehen, sorgt für den Vorschub, wenn der Vogel seine Flügel nach unten schlägt. Der innere Teil des Flügels, an dem die kürzeren Sekundärfedern wachsen, ist von vorn nach hinten leicht gebogen, was ihm eine aerodynamische Form verleiht. Sie gibt dem Vogel bei der Vorwärtsbewegung gleichzeitig Auftrieb. Die Kraft für das Flügelschlagen liefern die Brustmuskeln zu beiden Seiten des Brustbeins, die über Sehnen mit den Flügelknochen verbunden sind. In den Flügeln selbst sind nur wenige Muskeln enthalten, da ihr Gewicht möglichst gering sein muss.

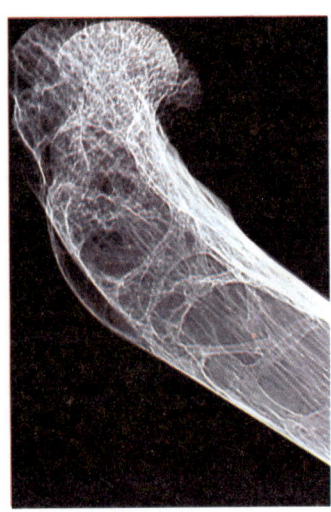

Worin unterscheiden sich Vogelknochen von denen der Landtiere?

Vogelknochen sind leicht, damit der Vogel sich in die Luft erheben kann, während die Knochen der Landtiere schwer und dicht sind. Der Querschnitt durch einen Vogelknochen zeigt, dass er größtenteils hohl ist. Er enthält allerdings zur Verstärkung leichte Querstreben, die den Knochen bei den verschiedenen Flugmanövern Halt geben.

Aufbau eines Vogelknochens

Was tun Vögel, um beim Fliegen nicht zu ermüden?

Vögel verbrauchen riesige Mengen an Energie, wenn sie mit den Flügeln schlagen. Um Kraft zu sparen, haben viele von ihnen Flugmethoden entwickelt, bei denen sie nicht mit den Flügeln zu schlagen brauchen, wie etwa Segelflug oder Gleitflug. Wenn das Schlagen mit den Flügeln allerdings unvermeidlich ist, wie zum Beispiel bei einem schnellen Start, sorgt ein spezielles Atmungssystem dafür, dass sie große Mengen an Sauerstoff erhalten und deshalb nicht gleich erschöpft sind.

Warum ist das Atmungssystem der Vögel so wirkungsvoll?

Auf den ersten Blick scheinen die Lungen eines Vogels nicht leistungsfähiger zu sein als die eines Säugetiers von vergleichbarer Größe. Ihr Geheimnis liegt jedoch darin, dass sie mit einer Reihe von Luftsäcken verbunden sind, die überall im Körper sitzen – selbst in den Flügelknochen. Obwohl in diesen Luftsäcken kein Austausch von Gasen stattfindet, ermöglicht ihr bloßes Vorhandensein den Fluss der Luft durch die Lungen. Das bedeutet, dass sowohl beim Ein- als auch beim Ausatmen Sauerstoff und Kohlendioxid höchst wirkungsvoll ausgetauscht werden können – etwas, was bei den Lungen eines Säugetiers nicht möglich ist.

Das Innere eines Vogels

Wie segeln Vögel?

Segeln ist eine Form des Aufwärtsgleitens, die oft von großen Vögeln angewendet wird, um Energie zu sparen. Diese Art zu fliegen ist von der wärmenden Kraft der Sonne abhängig. Wenn die reflektierte Sonnenwärme die Luft am Boden erwärmt, steigt sie auf. Es entsteht eine aufsteigende Warmluftströmung, die Vögel mit langen, breiten Flügeln, wie Adler und Bussarde, ausnutzen, um in große Höhen aufzusteigen. Dabei setzen sie ihre Flügel nur ein, um von einer Warmluftströmung zur nächsten zu gelangen.

Warum können Vögel in der Luft stehen bleiben, ohne herunterzufallen?

Vögel bleiben in der Luft stehen, indem sie ununterbrochen mit ihren Flügeln schlagen, eine Flugmethode, die man Rütteln nennt. Das Rütteln ist extrem ermüdend ist, nur wenige Vögel können es lange durchhalten. Wenn ein Turmfalke rüttelt, weist sein Schwanz nach unten und ist dabei fächerförmig ausgebreitet, so dass der Vogel durch den Wind Auftrieb erhält. Turmfalken rütteln hauptsächlich, um nach kleinen Säugetieren am Boden auszuspähen. Sie haben scharfe Augen und können aus großer Höhe schon geringfügige Bewegungen am Boden wahrnehmen.

Wie heben Vögel ab?

Jeder Vogel hebt auf eine andere Weise ab, aber meistens spielt kräftiges Flügelschlagen beim Start eine wichtige Rolle. Vögel, die bei Gefahr auf schnelles Davonfliegen angewiesen sind, besitzen zumeist breite, abgerundete Flügel, die für rasche Beschleunigung und guten Auftrieb sorgen. Schwere Landvögel müssen mit ausgestreckten Flügeln gegen den Wind Anlauf nehmen, um Auftrieb zu bekommen. Vögel dagegen, die den Großteil ihres Lebens in der Luft verbringen, können nur von erhöhten Punkten aus starten – sie lassen sich buchstäblich in die Luft fallen und breiten dann die Flügel aus.

Wie landen Vögel?

Vögel landen, indem sie ihre Geschwindigkeit reduzieren. Sie schwingen dazu den Körper in eine aufrechte Stellung, wobei der Schwanz mit ausgebreiteten Schwanzfedern nach unten weist. Die Füße weisen nach vorn und nach unten, um beim Bremsen zu helfen, und viele Vögel schlagen noch zusätzlich kurz mit den Flügeln nach hinten, als ob sie den Rückwärtsgang einlegen würden.

Woher kommt die wunderschöne Färbung der Vögel?

Die Farben des Gefieders kommen auf zwei Arten zu Stande: Entweder sind in den Federn selbst Pigmente enthalten oder die Oberfläche der Federn zerstreut das Licht. Braun und Schwarz entstehen durch das Pigment Melanin, während die leuchtenden Blau- und die metallischen Blaugrünfärbungen daher rühren, dass die Federn bestimmte Wellenlängen des sichtbaren, weißen Lichts reflektieren. Federn, die weiß sind, reflektieren alle Wellenlängen des sichtbaren Lichts.

Ein Turmfalke beim Rütteln

Warum sitzen Eichelhäher auf Ameisenhaufen?

Eichelhäher leiden wie die meisten Vögel unter winzigen Parasiten, wie Läusen und Flöhen. Diese unwillkommenen Untermieter machen es sich unter den weichen, warmen Federn des Vogels gemütlich und stellen für ihn ein ständiges Ärgernis dar. Eichelhäher sind dafür bekannt, dass sie sich eine halbe Stunde oder länger auf einem Ameisenhaufen niederlassen, in der Hoffnung, dass die wütenden Ameisen sich über die ungebetenen Gäste unter den Federn hermachen und sie mit giftiger Ameisensäure töten.

Ein leuchtend gefärbter Quetzal

Warum mausern Vögel?

Da sich Federn über kurz oder lang abnutzen und ausfransen, müssen sie immer wieder ausgewechselt werden. Die meisten Vögel verlieren immer nur wenige Federn, damit sie stets flugfähig bleiben und ihnen nicht zu kalt wird. Einige schwere Wasservögel können jedoch nur fliegen, wenn alle ihre Flugfedern intakt sind, und tauschen deshalb das gesamte Gefieder auf einmal aus. Da sie während dieser Zeit eine leichte Beute sind, verbergen sie sich zum Mausern an geschützten Orten. Vögel mausern auch, um die Farbe ihres Federkleids zu wechseln. Bei vielen Vögeln ist es im Winter dick und matt, damit es zusätzliche Wärme und Tarnung bietet. Beim Herannahen der Brutzeit tauschen die Vögel es dann gegen ein glattes, leuchtend gefärbtes Federkleid ein.

Warum sind Flamingos rosa?

Die Färbung der Flamingos hängt mit ihrer Nahrung zusammen. Das rote Pigment *Carotinoid*, das in Krabben und anderen Krustentieren enthalten ist, geht durch die Nahrung direkt in die Federn des Flamingos ein.

Flamingo

Warum putzen sich Vögel?

Vögel putzen das Gefieder, um die Federn in gutem Zustand zu halten. Der Vogel schmiert hierzu den Schnabel zunächst mit Fett aus einer großen Drüse ein, die sich unter dem Schwanz befindet, und streicht dann mit dem Schnabel wie mit einem Kamm durch das Gefieder. Besonders sorgfältig bearbeitet der Vogel die Flügelfedern. Vögel, die keine Fettdrüsen besitzen, wie etwa Reiher und Papageien, benutzen stattdessen einen feinen Puder, der von bestimmten Federn produziert wird.

Wie schwebt ein Kolibri?

Kein anderer Vogel kann so gut in der Luft manövrieren wie ein Kolibri. Er kann auf-, ab-, vorwärts-, seitwärts und sogar rückwärts fliegen. Er ist in der Lage, bewegungslos vor einer Blüte zu schweben, indem er so schnell mit seinen Flügeln schlägt, dass man sie fast nicht mehr sieht. Beim Schweben neigt der Kolibri den Körper nach vorn, die Flügel schlagen in horizontaler Ebene, so dass sie zwar Auftrieb, aber keinen Vorwärtsschub liefern.

Warum haben Spechte steife Schwanzfedern?

Spechte besitzen steife Schwanzfedern, die ihnen als zusätzliche Stütze dienen, wenn sie an einem Baumstamm hämmern oder hinaufklettern. Die Spitzen dieser Federn sehen aus diesem Grund mitunter ziemlich zerfleddert aus.

Warum können Schleiereulen so leise fliegen?

Schleiereulen können fast geräuschlos fliegen, weil ihre Flugfedern eingesäumt sind. Der Saum dämpft den Flügelschlag der Eule, so dass sie völlig überraschend auf Kleintiere herabstoßen kann.

Schleiereule

Eier und Nester

Verschiedene Arten von Eiern

Warum legen Vögel Eier?

Vögel legen Eier, weil ihre Vorfahren, die Reptilien, ebenfalls Eier legten und sich diese Art der Fortpflanzung als vorteilhaft erwiesen hat. Würde ein Vogelweibchen ein Junges lebend gebären oder ein sich entwickelndes Ei im Körper tragen, wäre es wahrscheinlich zu schwer zum Fliegen. Deshalb legen Vögel ihre Eier ziemlich bald nach der Paarung.

Warum bauen Vögel Nester?

Vögel bauen Nester, um darin das Gelege und später die Jungen vor Räubern und der Witterung zu schützen. Nester halten darüber hinaus während des Brütens die Wärme des Elternvogels. Vogelnester weisen hinsichtlich Größe und Form große Unterschiede auf: Das reicht von massiven Gebilden aus losen Ästen bis zu winzigen, schalenähnlichen Behältern, die im Innern kuschelig mit Daunen und Federn ausgekleidet sind.

Nistender Haubentaucher

Wie befreien sich Küken aus der Schale?

Wenn die Zeit zum Schlüpfen gekommen ist, füllt das Küken fast die ganze Eierschale aus. Nun ist es an der Zeit, die Schale zu sprengen. Oben am Schnabel besitzt das Küken einen Eizahn und am Hals einen besonderen Schlüpfmuskel, den es ruckartig bewegt, um auf diese Weise mit dem Eizahn erst an der Eihaut und dann an der Schale zu kratzen. Es pickt so lange, bis sich Haarrisse bilden, ein kleiner Splitter herausfällt und ein Loch entsteht, durch das Atemluft eintreten kann. Nach einer Pause beginnt das Küken erneut, diesmal am stumpfen Ende des Eis, zu picken, bis es die Schale weit genug aufgebrochen hat, um herausschlüpfen zu können.

Welcher Vogel näht sich ein Nest?

Der indianische Schneidervogel baut sein Nest aus zwei Blättern einer großblättrigen Pflanze. Hierzu bohrt er mit dem Schnabel zunächst eine Reihe von Löchern an den Außenrändern der Blätter. Dann zieht er die Blätter zusammen, indem er feine Pflanzenfasern durch die Löcher fädelt und jeden Stich einzeln verknotet. Nachdem auf diese Weise eine Art Wiege entstanden ist, polstert sie der Schneidervogel mit weichen Fasern aus und legt zwei oder drei Eier darin ab.

Schneidervogel

Wie halten Laubenvögel ihre Eier warm?

Die australischen Laubenvögel nutzen zum Ausbrüten ihrer Eier Wärme, die beim Verfaulen von Pflanzen entsteht, sozusagen einen Komposthaufen. Der Nestbau beginnt mit dem Ausheben einer Grube, die der Vogel mit Blättern füllt. Anschließend wartet er auf einen starken Regenguss und bedeckt die Blätter dann mit Sand, so dass eine Art Komposthaufen entsteht. Wenn nach vier Monaten die Blätter zu verrotten begonnen haben und eine konstante Temperatur erzeugen, legt das Weibchen in dem Hügel seine Eier ab. Sollte die Temperatur zu hoch zu werden, bauen die Laubenvögel entweder Entlüftungsschächte oder häufen noch mehr Sand auf.

Welche Nester werden für die Schwalbennestersuppe verwendet?

Die Nester der Höhlensalanganen bestehen zum überwiegenden Teil aus dem Speichel der Vögel und sind als Zutat für Schwalbennestersuppe heiß begehrt. Die Nester sind jedoch praktisch geschmacklos und besitzen nur geringen Nährwert. Höhlensalanganen brüten in riesigen Kolonien in den Kalksteinhöhlen Südostasiens. Sie kleben ihre Nester hoch oben an die Höhlendecke.

Warum erlaubt das Straußenweibchen anderen Straußen, Eier in seinem Nest abzulegen?

Da es weit mehr Straußenweibchen als Männchen gibt, hat etwa ein Drittel aller Weibchen keinen Partner. Die Oberhenne erlaubt daher „unverheirateten" Weibchen, ihre Eier in ihrem Nest abzulegen. Erstaunlicherweise kann sie die eigenen Eier am Porenmuster der ansonsten weißen Schale erkennen. So kann sie dafür Sorge tragen, dass, falls das Nest zu voll wird, nicht die eigenen Eier herausrollen, sondern die anderer Weibchen.

Wie groß ist ein Straußenei?

Das Straußenei ist das größte Ei, das von einem der heute lebenden Vogel gelegt wird – jedes wiegt bis zu 1,5 Kilogramm! Manchmal liegen in einem einzigen Nest 30 bis 40 Eier. Man hat Aasgeier dabei beobachtet, wie sie aus großer

Straußenei

Hühnerei

Höhe Steine auf die Eier herabfallen ließen, um die zwei Millimeter dicke Schale aufzubrechen.

Warum gilt der Kuckuck als faul?

Der europäische Kuckuck ist dafür bekannt, dass er seine Eier in die Nester anderer, oft viel kleinerer Vögel legt, besonders in die von Rotschwänzen, Heckenbraunellen, Bachstelzen und Zaunkönigen. Da sich der Kuckuck auf diese Weise die Arbeit des Nestbaus und der Aufzucht der Jungen erspart, ist es verständlich, dass er keinen besonders guten Ruf hat.

Was ist Brutparasitentum?

Brutparasitentum ist ein von vielen Vögeln praktiziertes Verhalten, bei dem das Weibchen sicherheitshalber einige Eier in die Nester anderer Vögel der gleichen Art legt. Moorhühner tun dies ziemlich regelmäßig und treffen so Vorsorge für den Fall, dass das eigene Nest geplündert oder zerstört wird. Auf diese Weise erhöhen sich die Chancen, dass wenigstens ein Teil der Nachkommen überlebt und das Fortbestehen der Art sichern.

Worin unterscheidet sich ein Vogelei von einem Reptilienei?

Vogeleier haben eine harte, kreideartige Schale. Reptilieneier dagegen besitzen zumeist eine biegsame, lederartige Außenhaut. Ansonsten sind sich die Eier sehr ähnlich.

Wie warm halten Vögel ihre Eier?

Sie halten ihre Eier sehr warm, nämlich bei einer Temperatur von etwa 39 °C. Wenn es uns so warm wäre, hätten wir Fieber! So gut wie alle Vögel halten das Gelege warm, indem sie sich darauf setzen. Manche Vogelarten entwickeln zusätzlich an der Brust Brutflecken, die das Wärmen erleichtern. Die federlosen Brutflecken sind von vielen Blutgefäßen durchzogen und so besonders warm. Der Laubenwallnister und einige mit ihm verwandte Vogelarten setzen sich nicht auf ihre Eier. Stattdessen bedecken sie sie mit kleinen Haufen von verfaulenden Pflanzen, ähnlich Komposthaufen, die die Eier warm halten. Ihre Eier werden bei einer Temperatur von etwa 33 °C ausgebrütet.

Junger Kuckuck

Lummeneier

Warum haben die Eier der Lumme eine Birnenform?

Lummen bauen keine Nester, sondern legen ein einziges Ei auf das nackte Felsgesims einer Klippe. Lange Zeit nahm man an, dass die spitz zulaufende Form des Eis verhindern sollte, dass es vom Sims rollt, denn man hatte festgestellt, dass das Ei nicht geradeaus, sondern im Kreis rollt, wenn es angestoßen wurde. Heute gehen die Wissenschaftler allerdings davon aus, dass durch die Birnenform ein größerer Teil der Eioberfläche mit dem warmen Körper der Lumme in Berührung kommt, wenn sie es in halb aufrechter Position ausbrütet.

Welcher Vogel baut Gemeinschaftsnester?

Der wohl bekannteste Gemeinschaftsnestbauer ist der in Südwestafrika beheimatete Webervogel. Jede Vogelkolonie baut ein dicht gepacktes, kuppelähnliches Nest, in dem sich Schlafplätze und Nistkammern für bis zu hundert Vogelpärchen befinden. Dieses riesige Nest, das bis zu sieben Meter breit sein kann, bauen die Vögel gewöhnlich in einer Akazie. Es wird von den Vögeln das ganze Jahr über benutzt.

Warum gilt der Kaiserpinguin als hingebungsvoller Vater?

Kein anderer Vogel setzt sich solch strapaziöser Brutpflege aus wie das Kaiserpinguin-Männchen. Sobald das Weibchen sein einziges Ei abgelegt hat, kehrt es ins Meer zurück, und das Männchen legt sich das Ei zum Ausbrüten auf die Füße. In der Dunkelheit des arktischen Winters drängen sich die Männchen auf dem Packeis dicht zusammen. Während der gesamten, 64 Tage dauernden Brutzeit nehmen sie keine Nahrung zu sich. Nach dem Schlüpfen ernährt das Männchen das Küken so lange mit Sekreten aus seinem Kropf, bis das Weibchen zurückkehrt und die Brutpflege übernimmt.

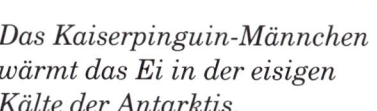

Das Kaiserpinguin-Männchen wärmt das Ei in der eisigen Kälte der Antarktis.

Welcher Vogel legt das größte Ei im Verhältnis zu seiner Größe?

Das voll ausgewachsene Weibchen des neuseeländischen Kiwis wiegt ungefähr 1,7 Kilogramm (etwa so viel wie ein Haushuhn). Dennoch legt es ein Ei, das etwa ein Viertel seines Körpergewichts wiegt. Da ist es nur allzu verständlich, dass der Vogel immer nur ein Ei legt.

Welcher Vogel versieht sein Nest mit einem falschen Eingang?

Die Kap-Beutelmeise treibt einen großen Aufwand, um Räuber zu der Annahme zu verleiten, ihr Nest sei leer. Das hängende Nest ist mit einem falschen Eingang versehen, der in eine „leere" Eikammer führt. Der richtige Eingang zum Nest befindet sich direkt über dem falschen und wird von dem Vogel sorgsam verschlossen, wenn er das Nest verlässt.

Wie kommt der Töpfervogel zu seinem Namen?

Der bekannte amerikanische Töpfervogel verdankt seinen Namen den kuppelförmigen, ofenähnlichen Nestern, die er aus Lehm „töpfert" und mit Haaren oder Pflanzenmaterial verstärkt. Die an Pfosten oder kahlen Ästen gebauten, steinharten Nester sind mit einem kleinen Schlupfloch versehen, das zu einer etwa 20 Zentimeter breiten Nistkammer führt.

Flugunfähige Vögel

Steckt der Strauß wirklich den Kopf in den Sand?

Nein, dass ein Strauß den Kopf in den Sand steckt, konnte noch nie beobachtet werden. Der Grund für diese Legende ist wahrscheinlich die Tatsache, dass die Vögel, wenn sie im Nest sitzen, den langen Hals flach auf den Boden legen. So sind sie in der Savanne gut getarnt. Sie sehen aus wie eine von vielen kleinen Bodenerhebungen.

Wie findet der Kiwi in der Dunkelheit Nahrung?

Kiwi

Der kleine Kiwi, das neuseeländische Nationalsymbol, ist trotz seiner Berühmtheit ein scheuer, nachtaktiver Vogel, der sich am Tage nur selten blicken lässt. Seine Nahrung – in der Regel Regenwürmer, kleine Insekten und Beeren – spürt er mit Hilfe des Geruchssinns auf. Die Nasenlöcher sitzen an der Spitze des langen Schnabels, mit dem er nachts am Waldboden nach schmackhaften Leckerbissen sucht.

Wie halten sich Pinguine in kalten Schneestürmen warm?

Pinguine sind flugunfähige Vögel, deren Federn vor allem die Aufgabe haben, sie warm und trocken zu halten. Die kurzen, feinen Federn hüllen den Vogel in einen gleichmäßig dicken Mantel, der eher einem dicken Pelz als dem Federkleid ähnelt, das wir von Flugvögeln kennen. Das direkt unter der Haut gespeicherte Fett bietet zusätzlich eine wirksame Isolierschicht gegen die eisige Kälte.

Welchen Vogel nennt man auch den Südamerikanischen Strauß?

Den Nandu, der dem Strauß sehr ähnlich ist und im südamerikanischen Busch und in den Pampas lebt. Nandus sind, ähnlich wie Strauße, große, flugunfähige Vögel, die überaus schnell laufen können. Vom ihrer Entwicklung her haben Nandu und Strauß allerdings wenig miteinander zu tun.

Der riesige, flugunfähige Kasuar kann sehr wild werden. Wenn er sich in die Enge getrieben fühlt, schlägt er mit den kräftigen Beinen aus und kann auf diese Weise sogar Menschen töten.

Warum trägt der Kasuar einen Helm auf dem Kopf?

Der in Neuguinea beheimatete Kasuar ist ein großer, einzeln lebender Dschungelvogel. Er hat einen kräftigen Tritt, den er manchmal anwendet, um sich gegen Feinde zur Wehr zu setzen. Man nimmt an, dass der knochige Hornaufsatz den Kopf schützen soll, wenn sich der Kasuar seinen Weg durch dichtes Unterholz bahnt; der Helm könnte jedoch auch als Grabwerkzeug bei der Suche nach Kleinlebewesen dienen, die der Kasuar gerne verspeist.

Schnäbel und Nahrung

Was fressen Vögel?

Im Laufe ihrer Entwicklung haben die Vögel gelernt, alle Arten von Nahrung zu sich zu nehmen. Sie fressen Samen, Nüsse, Insekten, Nektar, Früchte, Fisch und Fleisch. In der Regel bevorzugen Vögel energiereiche Nahrung, da sie beim Fliegen sehr viel Energie verbrauchen.

Kernbeißer   Kolibri   Heckenbraunelle

Schlangenhalsvogel   Pelikan

Flamingo

Adler   Gänsesäger

An der Form des Schnabels lässt sich ablesen, wovon der Vogel sich ernährt.

Warum haben die Schnäbel so unterschiedliche Formen?

Vögel haben unterschiedliche Schnäbel, je nachdem, welche Nahrung sie zu sich nehmen. Samenfresser wie der Kernbeißer haben in der Regel einen kurzen, kräftigen, keilförmigen Schnabel zum Herauspicken und Aufbrechen von Samenkörnern. Insektenfresser wie die Heckenbraunelle sind mit einem dünnen, spitzen Schnabel ausgestattet, den sie wie eine Pinzette einsetzen, um kleine Beutetiere aus dem Versteck zu ziehen. Vögel, die in der Luft Insekten jagen, haben zumeist einen kurzen Schnabel, den sie im Flug wie ein Fischernetz weit aufsperren können. Der Schnabel eines Raubvogels ist kräftig, hakenförmig und perfekt dazu geeignet, Fleischstücke aus der Beute zu reißen.

Was ist ein Kropf?

Ein Kropf ist ein Nahrungsspeicher im Hals des Vogels, ein dünnwandiger Hautsack, den man auch Vormagen nennt und der es dem Vogel ermöglicht, mehr Nahrung aufzunehmen, als er im Magen unterbringen kann. Wenn Nahrung im Überfluss vorhanden ist, kann sich der Vogel auf diese Weise damit vollstopfen und sich dann zum Verdauen an ein ruhiges Plätzchen zurückziehen. Der Kropf ist außerdem nützlich, um darin Nahrung zu speichern, die später an Nestlinge verfüttert werden soll.

Warum schlucken Vögel Steine?

Samenfresser, wie zum Beispiel Sperlinge, brauchen als Verdauungshilfe kleine Steinchen. Ein Teil ihres Magens, der so genannte Muskelmagen, besitzt harte, gefurchte Wände zur Pulverisierung von Samenkörnern. Dieser Vorgang kann noch wirkungsvoller vonstatten gehen, wenn sich im Magen kleine Steinchen befinden. Vögel, die verhältnismäßig weiche Nahrung, wie Fleisch oder Insekten, zu sich nehmen, brauchen keine Steine zu schlucken.

Was ist ein Gewölle?

Eulen besitzen keine Zähne, um die Beute zu kauen, daher verschlingen sie sie mit Haut und Haar. Ein- bis zweimal täglich müssen sie die unverdaulichen Bestandteile, darunter die Knochen, in Form kleiner Pakete, der so genannten Gewölle, wieder ausspucken. An der Form und Farbe des Gewölles, an den einzelnen Bestandteilen, lässt sich mitunter ablesen, von welcher Eulenart es stammt. So ist das Gewölle einer Schleiereule fast schwarz und hat eine weiche runde Form.

Ein zerlegtes Eulengewölle

Schwertschnabel-Kolibri

Warum ist der Schnabel des Schwertschnabel-Kolibris viermal so lang wie der Körper?

Der Schnabel des Schwertschnabel-Kolibris ist so lang (10,5 Zentimeter), damit er genau in den 11,4 Zentimeter langen Blütenschlauch der in den Anden wachsenden Kletterpassionsblume passt. Sowohl die Pflanze als auch der Vogel profitieren von diesem Arrangement: Die Blume wird durch den Vogel fremdbestäubt, während der Kolibri die schwer erreichbare Nektarquelle nutzen kann.

Warum haben Flamingos einen so klobigen Schnabel?

Flamingos ernähren sich von Algen und Kleinkrebsen, die sie aus dem Wasser filtern. Dazu tauchen sie den hakenförmig gebogenen Schnabel mit der Oberseite nach unten ins Wasser und schwenken dann den Kopf hin und her. Zu beiden Seiten des Schnabels befinden sich Hornlamellen, die eine Art Sieb bilden, in der die Nahrung hängen bleibt, wenn der Flamingo das Wasser mit der Zunge wieder herausdrückt. Flamingoküken besitzen diese Fähigkeit noch nicht. Sie sind von den Eltern abhängig, die sie füttern, bis der Nachwuchs im Alter von etwa 10 Wochen selbstständig Nahrung filtern kann.

Woher hat der Heuschreckenvogel seinen Namen?

Der in Afrika heimische Blutschnabelweber ist wahrscheinlich der am zahlreichsten vorkommende Vogel der Welt. Obwohl er eigentlich Wildgrassamen als Nahrung vorzieht, wendet er sich, wenn seine natürlichen Nahrungsquellen erschöpft sind, zur Ergänzung seines Speisezettels Getreidefeldern zu. Ein aus Millionen Tieren bestehender Schwarm dieser Vögel kann ein Getreidefeld in kürzester Zeit verwüsten.

Haben Ziegenmelker einen Bart?

Ziegenmelker sind nachtaktive Vögel, die fast überall auf der Welt vorkommen. Ihr Schnabel ist von feinen Borsten umgeben, die wie ein kleines Bärtchen aussehen. Wenn die Vögel nachts auf Insektenjagd gehen, dienen die Borsten als Fühler und dazu, die Beutetiere in den extrem weit aufgesperrten Schlund zu befördern

Gibt es Vögel mit Zähnen?

Genau genommen hat kein Vogel Zähne – zumindest keine, die aus Knochenmaterial bestehen. Eine Gruppe von Tauchenten, die so genannten Schlangenhalsvögel, haben allerdings an den Seiten des langen, dünnen Schnabels zahnähnliche Zacken entwickelt. Diese „Zähne" sind nützlich, wenn die Vögel unter Wasser nach schlüpfrigen Fischen schnappen.

Ein Schwarm Blutschnabelweber

Greifvögel

Welcher Vogel lässt Knochen vom Himmel fallen?

Der Lämmergeier, auch Bartgeier genannt, ist ein Aasfresser, der sich von toten Tieren ernährt. Wenn sich bereits andere Geier an der Beute eingefunden haben, lässt er ihnen für gewöhnlich den Vortritt und gibt sich mit Knochen zufrieden. Knochen, die zu groß sind, lässt er aus großer Höhe auf Felsgestein fallen, damit sie aufbrechen und er an das Knochenmark gelangen kann.

Goldadler

Warum ziehen Goldadler immer nur eines ihrer beiden Küken groß?

Obwohl Goldadler zwei Eier legen, ziehen sie in den meisten Fällen nur eines der beiden Küken groß. Der Grund ist die Rivalität zwischen den Geschwistern: Das zuerst geschlüpfte Küken greift für gewöhnlich sein Geschwisterchen so wild an, dass das jüngere Küken aus dem Nest fliehen muss. Die Eltern tun nichts, um dieses aggressive Verhalten zu unterbinden.

Welcher Sekretär tötet Schlangen?

Der Sekretär ist ein langbeiniger afrikanischer Raubvogel, der am Boden jagt und im offenen Grasland auf Pirsch geht. Er tötet seine Beute mitunter durch kraftvolle Fußtritte. Sogar Kobras und Puffottern greift er an, wobei ihm die Flügel als Schutzschilde dienen. Seinen Namen verdankt der Sekretär dem merkwürdigen Schopf, der aussieht wie die Schreibfedern, die sich Sekretäre früher hinters Ohr steckten.

Was fressen Fischadler?

Der Name verrät es: Fischadler ernähren sich fast ausschließlich von Fisch. Sie kreisen über dem Wasser; wenn sie eine Beute erspähen, stürzen sie herunter, packen den Fisch mit den Klauen und kehren dann zu ihrem Ruheplatz zurück, um ihn zu verspeisen. Damit sie gut zupacken können, sind die Klauen mit Hornstacheln besetzt.

Sind Seeadler kahlköpfig?

Der stolze Weißkopf-Seeadler (Bild Seite 74) ist das Wappentier der USA. Er ist in Nordamerika heimisch und mag aus der Ferne kahlköpfig wirken. Der Grund: Sein Kopf ist mit weißen Federn besetzt, während das restliche Federkleid dunkelbraun ist.

Kornweihen

Welcher Vogel wirft seinem Partner im Flug Nahrung zu?

Das Kornweihen-Männchen fängt Beute für die Jungen, kehrt damit aber nicht zum Nest zurück. Stattdessen ruft es das Weibchen herbei, das unter es fliegt und sich für einen Moment auf den Rücken dreht, um die vom Männchen fallen gelassene Nahrung mit den Klauen aufzufangen. Dann kehrt es zum Nest zurück, um die Küken zu füttern.

Weißkopf-Seeadler besitzen einen kräftigen Schnabel, mit dem sie Fleisch zerreißen können. Mitunter nehmen sie anderen Vögeln Beute ab.

Warum wird der Weißkopf-Seeadler „Pirat der Lüfte" genannt?

Weißkopf-Seeadler jagen zuweilen Fischadlern und anderen kleineren Greifvögeln die Beute ab, indem sie sie in der Luft bedrohen. Die kleineren Vögel lassen in einem solchen Fall ihre Beute in einem Akt der Unterwerfung fallen. Sie dient anschließend dem Weißkopf-Seeadler als billige Mahlzeit. Der Weißkopf-Seeadler ist nicht der einzige „Pirat der Lüfte". Auch einige Fischadler und Fregattvögel sind dafür bekannt, dass sie anderen Vögeln die Beute abjagen.

Warum gelten Eulen als weise?

Man dichtet den Eulen gemeinhin mehr Weisheit an, als sie überhaupt besitzen. Ihr Verhalten ist, wie bei den meisten Tieren, vom Instinkt gesteuert, und die Fähigkeit zum Lernen ist beschränkt. Die seit alters her gerühmte „Weisheit" der Eule rührt wahrscheinlich von ihrer „menschlichen" Erscheinung her: Der große Kopf, der runde Körper und die riesigen, nach vorn gerichteten Augen sind Merkmale, mit denen wir uns identifizieren können.

Woher hat der Uhu seinen Namen?

Von dem Balzruf, den das männliche Tier ausstößt. Der Uhu ist die größte europäische Eule und erreicht eine Flügelspannweite von 170 cm! Uhus besiedeln mit Vorliebe felsiges Gelände, kommen aber auch in Waldgebieten und sogar in der Nähe von Ortschaften vor. In der Dunkelheit machen sie Jagd auf kleine Säugetiere und Vögel.

Wie finden Eulen in der Dunkelheit ihre Beute?

Eulen besitzen sehr scharfe Augen und ein gutes Gehör, mit dem sie auch in der Dunkelheit Beutetiere aufspüren können. Die Augen sind ungewöhnlich groß und besonders gut an das Sehen bei schwachem Licht angepasst. Weil beide Augen nach vorne gerichtet sind, ergibt sich ein räumliches Bild. So lassen sich Entfernungen gut abschätzen. Doch Eulen müssen ihre Beute nicht sehen, um sie zu fangen. In völliger Dunkelheit verlassen sie sich allein auf ihr Gehör. Das Gesicht ist von einem Kranz borstiger Federn umgeben, dem Schleier, der nach vorn geklappt den seitlich am Kopf sitzenden Ohren als Schalltrichter dient.

Harpyie

Welcher Raubvogel erbeutet sogar Affen und Faultiere?

Die im südamerikanischen Regenwald heimische Harpyie besitzt kräftige Fänge und messerscharfe Klauen. Sie zählt zu den mächtigsten Greifvögeln der Welt. Die bis zu 5 Kilogramm schweren Tiere können zwar nur sehr langsam fliegen, sind aber sehr wendig. Mit großem Geschick gehen sie auf Jagd nach Affen, Faultieren und anderen Säugetieren, die sie mit den riesigen Fängen von den Bäumen zerren. Leider sind die beeindruckenden Vögel wie so viele andere durch das Abholzen der Regenwälder heute selten geworden.

Wasservögel

Wie gelingt es dem Papageitaucher, so viele Fische im Schnabel zu halten?

Das auffälligste Kennzeichen des Papageitauchers ist der Schnabel, der beim Beutefang eine wichtige Rolle spielt und auch bei der Balz: Im Sommer ist er auffällig bunt gefärbt. Der Papageitaucher zieht nur ein einziges Junges auf. Regelmäßig kehrt er mit einem Schnabel voller Fische zum Nest zurück. Bei jedem Fischzug fängt er bis zu 12 Tiere. Dabei fischt er, ohne die Beute, die er schon im Schnabel trägt, zu verlieren. Man nimmt an, dass jeder einzelne Beutefisch von speziellen Stacheln festgehalten wird, mit denen die Zunge und der Gaumen besetzt sind. Darüber hinaus ist der Schnabel in einer Weise mit Scharnieren versehen, dass der Papageitaucher die Fische mit der ganzen Schnabellänge halten kann und nicht nur an einer schmalen Stelle.

Welcher Vogel scheint auf dem Wasser zu laufen?

Jacanas laufen nicht wirklich auf dem Wasser – sie treten vielmehr auf treibende Wasserpflanzen. Ihre Zehen und Klauen sind so außerordentlich lang, dass sich das Körpergewicht auf eine große Fläche verteilt, weshalb die Vögel kaum einsinken. Jacanas leben an tropischen Seen und in Süßwassermarschen.

Warum sind Graureiher oft so regungslos?

Im seichten Wasser oder am Ufer lauert der Graureiher geduldig auf Beute. Regungslos verharrt er mit eingezogenem oder gestrecktem Hals, bis ein ahnungsloser Fisch in seine Reichweite kommt. Dann stößt er mit dem langen, spitzen Schnabel blitzartig ins Wasser – so schnell, dass ihm kaum ein Opfer entkommt.

Welche Vögel fischen im Team?

Pelikane sind gesellige Vögel, die in Gruppen von sechs bis acht Tieren auf Fischfang gehen. Mit weit geöffneten Schnäbeln umkreisen sie einen Fischschwarm, so dass die Fische gar nicht anders können, als in die großen Kehlsäcke der Vögel zu schwimmen. Dann heben die Pelikane den Kopf, lassen das Wasser aus den Säcken laufen und fressen die Beute.

Papageitaucher

Warum haben Säbelschnäbler einen aufwärts gebogenen Schnabel?

Säbelschnäbler haben ein auffälliges schwarz-weißes Federkleid und sind die einzigen Watvogel mit aufwärts gebogenem Schnabel. Damit suchen sie in seichten Gewässern nach Nahrung, indem sie ihn dicht unter der Oberfläche und im Schlamm hin und her schwenken. Auf ihrem Speiseplan stehen Insekten und andere kleine wirbellose Tiere, aber auch Pflanzen. Ist das Wasser tiefer, tauchen sie mit dem Kopf unter und schwimmen und gründeln wie eine Ente.

Woher hat der Steinwälzer seinen Namen?

Der kleine, kräftige Watvogel ernährt sich im Sommer hauptsächlich von Insekten. Im Winter sucht er seine Nahrung an der Küste. Seinen Namen hat er erhalten, weil er mit dem Schnabel kleine Steine und Seetang beiseite schiebt, um darunter nach Nahrung zu suchen: vorzugsweise Weichtiere und Schalentiere, aber auch Aas.

Reiher sind langbeinige Watvögel, die sich von Fischen ernähren.

Vogelzug

Warum ziehen Vögel fort?

Jedes Jahr unternehmen viele Vögel weite und beschwerliche Reisen. Sie verlassen, wenn der Sommer zu Ende geht, ihre Brutgebiete und ziehen in eine Region, die ihnen bessere Lebensbedingungen bietet. Vögel, die solche Wanderungen unternehmen, nennt man Zugvögel. Nur wenige, darunter der Storch, ziehen einzeln; die meisten fliegen, wie die Graugänse, in Gruppen.

Wie finden Vögel ihren Weg?

Wie sich die Vögel orientieren, ist noch nicht restlos erforscht. Man nimmt an, dass Vögel, die am Tag fliegen, die Sonne als Kompass nutzen. Da der Stand der Sonne sich von Tag zu Tag ändert, müssen sie zusätzlich über eine Art innere Uhr verfügen, die verhindert, dass sie vom Weg abkommen. Vögel, die nachts fliegen, orientieren sich höchstwahrscheinlich an den Sternen. Einige Vogelarten lassen sich möglicherweise vom Magnetfeld der Erde leiten lassen. Außerdem vermutet man, dass sich Vögel auch an Landmarken wie beispielsweise Gebirgszügen und Flusstälern orientieren können.

Welcher Vogel fliegt vom Nordpol zum Südpol und wieder zurück?

Wahrscheinlich reist kein anderer Vogel auf der Welt so weit wie die Küstenseeschwalbe. Sie nutzt den Sommer in der Arktis, um zu brüten, dann zieht sie südwärts zu den Küsten der Antarktis, um den dortigen Sommer zu nutzen. Auf diese Weise legt sie in einem Jahr bis zu 35 000 Kilometer zurück. Trotz dieser Strapazen kann sie bis zu 30 Jahre alt werden.

Küstenseeschwalbe

Störche legen während ihres alljährlichen Zugs große Strecken im Segelflug zurück.

Warum fliegen Störche nie übers offene Meer?

Störche legen lange Strecken im Segelflug zurück. Da für den Segelflug aufsteigende Warmluftströmungen nötig sind, die nur über Land auftreten, vermeiden sie möglichst, übers offene Meer zu fliegen. Auf ihrem Weg von Nordeuropa nach Südafrika und zurück nutzen sie zwei Routen: eine westliche Strecke über Spanien, bei der sie nur die Meerenge von Gibraltar überfliegen müssen, oder eine östliche Route, bei der sie den Bosporus überqueren.

Warum fliegen Graugänse in Keilformation?

Graugänse fliegen bei ihrem Zug in Keilformation. So lässt sich der Windschatten am besten ausnutzen. Am schwersten hat es die vorderste Gans. Sie muss am stärksten gegen den Luftwiderstand ankämpfen. Deshalb wechseln sich die Gänse an der Spitze von Zeit zu Zeit ab.

Nutzen Zugvögel für Hin- und Rückflug dieselbe Strecke?

Nein. Der Amerikanische Goldregenpfeifer verlässt beispielsweise sein arktisches Brutgebiet in Alaska und Nordkanada und fliegt südwärts über den Atlantik zu seinem Winterquartier. Wenn er im nächsten Frühjahr zurückfliegt, nimmt er eine andere Route Richtung Norden, die ihn fast ausschließlich über Festland fliegen lässt.

Wie kann man den Vogelzug erforschen?

Den Vogelzug erforscht man, indem man einzelne Tiere mit Ringen versieht, durch Radarbeobachtung oder mit Peilsendern.

Balz

Haubentaucher

Sind alle Vögel ihren Partnern treu?

Die meisten Vögel sind monogam – das heißt, sie paaren sich nur mit einem Partner und bleiben diesem zumindest so lange treu, bis die Jungen das Nest verlassen. Einige Männchen allerdings paaren sich mit so vielen Weibchen wie möglich und kümmern sich anschließend nur wenig um den Nestbau und die Aufzucht der Jungen.

Welche Vögel bauen kleine Schlösser?

Die Männchen der in Australien und Neuguinea heimischen Laubenvögel bauen aufwändige Lauben, um Weibchen anzulocken. Der dunkelblau schimmernde Seidenlaubenvogel zum Beispiel baut eine Balzlaube aus Stöckchen, die er mit kleinen Gegenständen verziert, darunter Muscheln, Blumen, sogar Plastikstücken, die vorzugsweise gelbgrün oder blau sind und so zu seiner eigenen Färbung passen. Die Lauben dienen jedoch nie als Nest; die Jungen wachsen in napfförmigen Nestern alleine auf oder werden vom Weibchen großgezogen.

Wodurch zeichnen sich die Thorshühnchen aus?

Bei den Thorshühnchen ist es nicht das Männchen, das bei der Balz die Initiative ergreift, sondern das Weibchen. Um den Rollentausch perfekt zu machen, ist das Weibchen mit einem leuchtend roten Federkleid ausgestattet und wählt auch den Nistplatz. Nachdem es dort die Eier abgelegt hat, werden sie von dem kleinen unscheinbaren Männchen ausgebrütet. Das Männchen kümmert sich später auch um die Küken, während sich das Weibchen davonmacht und nach anderen Männchen Ausschau hält.

Welcher Vogel bläst sich auf, um Eindruck zu machen?

Fregattvögel sind große Meeresvögel, die in Gruppen auf entlegenen tropischen Inseln nisten. Während der Balz bläht das Fregattvogel-Männchen seinen roten Kehlsack bis zur Größe eines Fußballs auf, um Weibchen auf sich aufmerksam zu machen. Bei Interesse reibt das Weibchen seinen Kopf an der Brust des Männchens.

Warum tanzen Haubentaucher miteinander?

Die Haubentaucher führen auf dem Wasser einen eleganten Balztanz auf, der dazu dienen soll, den richtigen Partner auszuwählen. Männchen und Weibchen paddeln dabei aufeinander zu, bis sie sich fast berühren, dann schütteln sie die Köpfe, drehen sich herum und putzen einander das Gefieder. Die Balz endet mit dem Austausch von Geschenken: Unvermittelt tauchen die beiden Partner auf den Grund, kommen mit Seegras wieder an die Oberfläche, richten sich auf und tauschen die Geschenke aus.

Was ist ein Balzplatz?

Bei manchen Vogelarten treffen sich die fortpflanzungsfähigen Männchen in der Balz an einem bestimmten Ort, um vor den dort versammelten Weibchen herumzustolzieren und zu tanzen. Solche Balzplätze werden zum Beispiel von Paradiesvögeln, Birkhühnern und Kampfläufern benutzt. In der Regel sucht sich das Weibchen ein Männchen aus, mit dem es sich paart. Dann macht es sich davon, um die Eier abzulegen und die Jungen aufzuziehen.

Fregattvogel (Männchen)

SÄUGETIERE

Was ist ein Säugetier?

Ein Säugetier ist ein warmblütiges Tier mit einer Wirbelsäule, dessen Körper in der Regel von Haaren oder Fell bedeckt ist. Warmblütig bedeutet, dass die Körpertemperatur unabhängig von der Umgebung immer gleich ist. Bei den meisten Säugetieren bringen die Weibchen lebende Junge zur Welt, die sie mit Milch säugen. Säugetiere gelten als die am höchsten entwickelten Tiere.

Wie viele Säugetierarten gibt es?

Es gibt etwa 4000 Säugetierarten, von denen ungefähr die Hälfte zu den Nagetieren und ein Viertel zu den Fledermäusen gehört. Die Säugetiere lassen sich in drei Gruppen unterteilen: Kloakentiere (Monotremata) wie das Schnabeltier und der Ameisenigel, Beuteltiere (Marsupialia) wie das Känguru und der Koala sowie die Plazentatiere, eine Gruppe, zu der die meisten der heute lebenden Arten gehören.

Was ist eine Plazenta?

Mit Ausnahme der Kloaken- und Beuteltiere tragen Säugetiere ihre Jungen zunächst im Körper. Dort haben sie es warm und sind geschützt. Sie werden durch ein besonderes Organ, die Plazenta, mit Nahrung versorgt. Die Plazenta ist das Organ, das Mutter und Kind miteinander verbindet.

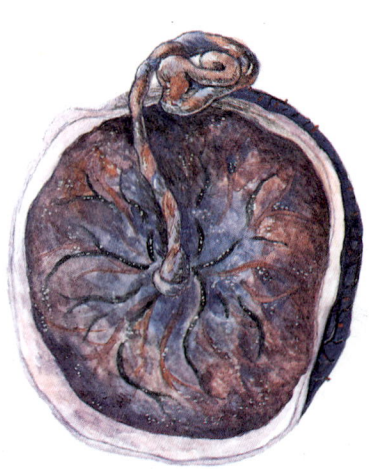

Plazenta

Was sind Kloakentiere?

Ein Kloakentier ist ein Säugetier, das Eier legt. Es gibt heute nur noch drei Arten von Kloakentieren: das Schnabeltier und zwei Ameisenigelarten, von denen die eine in Australien und die andere in Neuguinea verbreitet ist. Nach dem Schlüpfen saugen die Jungen die Milch nicht aus einer Brustdrüse, sondern aus einer umgewandelten Schweißdrüse.

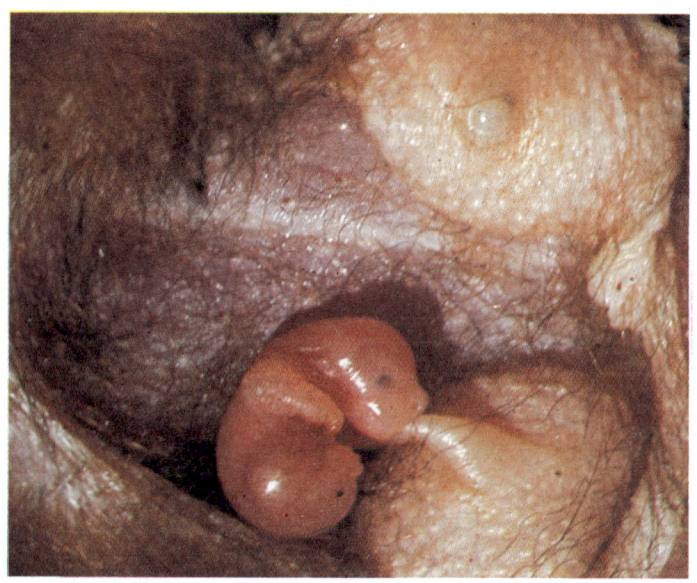

Ein junges Beuteltier im Brutbeutel der Mutter

Seit wann gibt es Säugetiere?

Die ersten Säugetiere gab es schon vor 200 Millionen Jahren, aber erst nachdem die Dinosaurier ausstarben, konnten sich die Säugetiere richtig entwickeln. Während der Eiszeiten gab es riesige Säugetiere, zum Beispiel Mammuts, Riesenhirsche und Riesenbeuteltiere. Die meisten dieser großen Arten sind vor etwa 10 000 Jahren ausgestorben – möglicherweise, weil der Mensch lernte, sie zu jagen und zu töten.

Warum halten manche Tiere einen Winterschlaf?

Tiere halten Winterschlaf, um so die langen, kalten Wintermonate zu überleben. Wenn das Futter knapp wird, schalten manche Tiere ihre Körperfunktionen auf Sparflamme und ziehen sich an einen möglichst geschützten, frostfreien Ort zurück. Beim Winterschlaf fällt die Körpertemperatur ab, das Herz schlägt nur noch sehr langsam, und der Atem wird flach und unregelmäßig. Winterschlaf halten z. B. Murmeltiere, Igel, Fledermäuse und Bären. Sie zehren bis zum Aufwachen von den Fettreserven des Körpers.

Wozu dient der Schwanz?

Der Schwanz ist eine Verlängerung der Wirbelsäule. Im Laufe der Evolution übernahm er verschiedene Funktionen je nach Tierart. Viele Tiere benutzen ihn als Ausdrucksmittel. Leicht beobachten lässt sich das an Hunden oder Katzen, die ihren Schwanz gezielt einsetzen, um Freude, Aggression, Gehorsam oder Wut auszudrücken. Pferde verwenden ihn als Fliegenwedel; Affen und andere Baumbewohner setzen ihn als „dritte Hand" ein, wenn sie sich von Ast zu Ast schwingen und dabei mit dem Schwanz festhalten. Füchse und Eichhörnchen brauchen den Schwanz zum Ausbalancieren und als wärmende Decke bei der Winterruhe.

Warum haben Säugetiere ein Fell?

Vorrangig dienen Fell und Haare dazu, die Tiere warm zu halten und vor zu starker Sonneneinstrahlung zu schützen. Doch Haare können auch andere Zwecke erfüllen. Das Tigerfell dient beispielsweise der Tarnung. Beim Igel und beim Stachelschwein hat sich das Haarkleid zu einem Stachelpanzer entwickelt. Die Katze nutzt ihre empfindlichen Schnurrhaare zum Tasten, und sogar die ansonsten haarlosen Wale besitzen am Kopf empfindliche Borsten.

Igel

Warum frisst eine Ratte mehr als eine Echse gleicher Größe?

Weil die Ratte ein warmblütiges, die Echse aber ein wechselwarmes Tier ist. Ratten können, im Gegensatz zu Echsen, ihren Körper durch Verbrennen von Nährstoffen selbst warm halten; Echsen haben immer dieselbe Temperatur wie ihre Umgebung: An einem heißem Sommertag sind sie warm und aktiv, im Winter kalt und steif. Die Ratte hat, weil sie ihre Körpertemperatur selbst steuern kann, viele Vorteile. Die gleichmäßig hohe Körpertemperatur macht sie leistungsfähiger und erlaubt ihr ein größeres Gehirn.

Welches ist das größte Säugetier der Welt?

Der Blauwal, der ein Gewicht von 190 Tonnen und eine Länge von 33 Metern erreichen kann. Er ist das größte lebende Säugetier, wahrscheinlich sogar das größte Tier, das jemals auf der Erde lebte.

Welche Säugetiere sind schon kurz nach der Geburt selbstständig?

In der Regel sind Säugetiere, die Pflanzen fressen, bei der Geburt weiter entwickelt als Fleischfresser. Weißschwanzgnus beispielsweise können schon 10 Minuten nach der Geburt aufstehen und dem Muttertier folgen und bereits nach 24 Stunden mit der Herde ziehen. Weil sie leicht Raubkatzen zum Opfer fallen, steigen ihre Überlebenschancen, je früher sie laufen und damit der Gefahr entfliehen können. Raubkatzenkinder dagegen kommen blind, nackt und hilflos zur Welt.

Warum sind Tupaias für die Wissenschaft so interessant?

Tupaias sind Baum-Spitzmäuse, die in den Wäldern Ostasiens leben und auf den ersten Blick nicht besonders auffällig aussehen. Doch sie weisen eine starke Übereinstimmung mit Fossilien (versteinerten Überresten) auf. Daher vermuten manche Wissenschaftler, dass die ersten Säugetiere, von denen wir und alle anderen Säugetiere abstammen, wie Tupaias aussahen und sich auch so verhielten.

Beuteltiere

Leben Beuteltiere nur in Australien?

Es gibt etwa 250 bekannte Beuteltierarten, von der winzigen Beutelspitzmaus bis zum mannsgroßen Riesenkänguru, die zum weitaus größten Teil nur in Australien und Ozeanien heimisch sind. Etwa 70 Beuteltierarten kommen auch in anderen Regionen vor, beispielsweise das Opossum, ein rattenähnliches Tier, das in den Wäldern Nord- und Südamerikas lebt.

Was ist ein Beuteltier?

Ein Säugetier mit einem Brutbeutel, wie z. B. das Känguru oder der Koala. Die Jungen ähneln bei der Geburt winzigen, rosa Würmchen. Sie klettern durch das Fell der Mutter in den Brutbeutel, wo sie mit Milch gesäugt werden, bis sie groß genug sind, den Beutel zu verlassen. Die meisten Beuteltiere leben in Australien, einige auch in Neuguinea und Amerika.

Wie überstehen Kängurus lange Trockenperioden?

Zunächst einmal werden sie stärker nachts aktiv und suchen tagsüber Schutz unter schattigen Felsüberhängen. Außerdem lecken sie sich die Arme, um sich durch die Verdunstung Kühlung zu verschaffen. Kängurus besitzen darüber hinaus die Fähigkeit, auf der Suche nach Futter und Wasser weite Strecken zurücklegen. Und schließlich reduzieren sie den Wasserverlust, indem die Nieren stärker konzentrierten Harn ausscheiden. Als letzte Möglichkeit entfernt das Weibchen, um sich selbst zu retten, das Jungtier aus dem Beutel, wenn es nicht mehr genügend Milch bilden kann.

Gibt es Kängurus, die auf Bäumen leben?

Drei Arten von Kängurus haben sich zu Baumbewohnern entwickelt. Sie sind bemerkenswert wendig und springen frei von Baum zu Baum. Mit dem langen Schwanz halten sie die Balance. An den Vorderfüßen besitzen sie lange, gekrümmte Krallen, mit denen sie Äste umgreifen. Im Gegensatz zu anderen Baumbewohnern können sie auch am Boden sehr schnell hüpfen und steigen zur Nahrungssuche oft vom Baum.

Beuteltiere wie das Känguru tragen ihre Jungen, bis sie selbstständig sind, in einem Brutbeutel.

Warum hüpfen Kängurus?

Niemand weiß genau, warum Kängurus hüpfen statt auf allen vieren zu laufen. Im Hinblick auf den Energieverbrauch ist Hüpfen vermutlich die effektivere Art der Fortbewegung: Kängurus werden bis zu 12 km/h schnell. Außerdem ist bei aufrechter Haltung die Gefahr geringer, dass das Junge aus dem Beutel fällt.

Was ist am Schnabeltier so ungewöhnlich?

Nur wenige Säugetiere sind so eigenartig wie das Schnabeltier. Nicht nur ist es ein Kloakentier, d.h. ein Säugetier mit Fell, das Eier legt und seine Jungen säugt; es besitzt darüber hinaus auch noch Schwimmhäute und einen Schnabel wie eine Ente. So sieht es zwar seltsam aus, besitzt aber die besten Voraussetzungen für ein Leben am Wasser. Mit dem empfindlichen Schnabel sucht es am schlammigen Grund nach Würmern, Muscheln und Larven, die es mit großem Appetit vertilgt. Mitunter verspeist es ein Kilogramm pro Tag. Es haust in verzweigten Erdgängen, die es mit den scharfen Krallen in die Uferböschung gräbt.

Das Schnabeltier ist ein Säugetier, das Eier legt.

Was fressen Ameisenbeutler?

Den Ameisenbeutler könnte man den „Ameisenbär" unter den Beuteltieren nennen. Er hat eine lange Schnauze, eine lange, klebrige Zunge und kräftige Klauen, mit denen er Termitenhügel öffnet. Mit Appetit verspeisen diese hübsch gestreiften, etwa rattengroßen Tiere bis zu 20 000 Termiten pro Tag.

Wie groß ist ein Kängurubaby bei der Geburt?

Das Rote Riesenkänguru ist das größte unter den Beuteltieren. Obwohl erwachsene Tiere ein Gewicht von 70 Kilogramm erreichen, wiegt das Junge bei der Geburt nicht einmal ein Gramm und ist kaum 2 cm groß. Dennoch hat es bereits gut entwickelte Vordergliedmaßen, mit denen es am Bauch der Mutter hochklettert bis in den Brutbeutel – eine gewaltige Kraftanstrengung. Hat es sich an einer Zitze festgesäugt, wächst es noch 8 Monate lang heran, bevor es den Schutz des Beutels entbehren kann.

Warum sagt man, der Koala sei ein Feinschmecker?

Der Koala ist bei seiner Nahrung sehr wählerisch – er frisst hauptsächlich Blätter und Sprossen von ausgewählten Eukalyptusbäumen. Pro Tag verspeist er davon etwa ein Kilogramm. Die meiste andere Nahrung verschmäht er. Das Weibchen trägt das Junge, nachdem es den Beutel verlassen hat, noch sechs Monate auf dem Rücken mit sich herum und füttert es mit vorverdauten Blättern.

Koala

Der Wombat hat einen nach hinten geöffneten Beutel, so dass die Jungen vor eindringender Erde geschützt sind, wenn die Mutter gräbt.

Wo leben Wombats?

Wombats besitzen einen kräftigen Körperbau und kurze, stämmige Beine. Oft werden sie mit dem Dachs verglichen. Doch Wombats sind Beuteltiere, die in Australien leben. Sie hausen unterirdisch in weit verzweigten Gängen, die sie mit ihren kräftigen Vorderpfoten ständig erweitern. Nachts kommen sie hervor und suchen nach Pflanzenwurzeln, Knollen und Gras. Wombats werden mitunter als Haustiere gehalten, da sie recht gelehrig und leicht zu füttern sind.

Was ist ein Potoroop?

Ein Potoroop ist ein kleines, rattenähnliches Känguru, das in den Wäldern Tasmaniens und Ostaustraliens lebt. Die Tiere sind hauptsächlich in der Nacht aktiv, ernähren sich von Pflanzenwurzeln, Knollen und Insekten und hüpfen umher wie ihre großen Verwandten.

Welches Tier stirbt nach der Paarung?

Die Zwergbreitfußbeutelmaus ist ein kleines, etwa mausgroßes Tier, das in den Wäldern Ostaustraliens meist unter Laub und Erde versteckt lebt. Das Männchen paart sich in seinem kurzen Leben nur einmal und stirbt darauf. Das Weibchen setzt mitunter auch einen zweiten Wurf.

Haben alle Beuteltiere einen Brutbeutel?

Nicht alle Beuteltiere haben besonders ausgebildete Brutbeutel. Bei einigen kleineren Arten hängen die Jungen einfach wie eine Traube an der Unterseite des Leibes, wo sie fest mit den Zitzen der Mutter verbunden sind. Wird das Junge zum Tragen zu schwer, legt es die Mutter in ein eigens dafür gebautes Nest.

Wie kam der Beutelteufel zu seinem Namen?

Als die ersten europäischen Siedler nach Australien kamen und das untersetzte Beuteltier sahen, hielten sie es für ein blutrünstiges Raubtier, das es auf ihre Schafe abgesehen habe. Deshalb nannten sie es Beutelteufel. Der Beutelteufel ernährt sich jedoch lieber von Aas, als dass er auf Beutejagd geht. Er besitzt einen großen Kopf mit kräftigen Kiefern und kann mit Leichtigkeit Knochen zermalmen.

Beutelteufel

Welches Beuteltier stellt sich bei Gefahr tot?

Das in Amerika heimische Opossum stellt sich tot, sobald es angegriffen wird. Die Augen schließen sich, der Kiefer fällt herab, der Atem setzt praktisch aus, und der Körper ist starr. Viele Raubtiere sind jedoch nur auf lebende Beute aus und verlieren das Interesse an ihrem scheinbar toten Opfer – das, sobald der Feind seiner Wege gezogen ist, auf wunderbare Weise wieder lebendig wird.

Nagetiere

Was ist ein Nagetier?

Nagetiere sind eine weltweit verbreitete Ordnung der Säugetiere, zu der Ratten, Mäuse und Wühlmäuse, Eichhörnchen, Biber und Stachelschweine gehören. Nagetiere sind klein bis mittelgroß und haben scharfe Nagezähne, die ständig nachwachsen. Sie haben eine hohe Geburtenrate – das ist einer der Gründe, weshalb sie sich so weit verbreiten konnten –, werden aber nicht sehr alt.

Feld-Waldmaus mit ihren Jungen

Wie viele Nachkommen hat ein Mäusepaar pro Jahr?

Im Alter von sechs Wochen ist eine weibliche Maus geschlechtsreif und bringt pro Wurf fünf bis sieben Junge zur Welt. Wenn ein Mäusepaar pro Jahr 10 Würfe hat, alle Jungen überleben und sich ebenfalls fortpflanzen, dann bringt es ein Mäusepärchen in einem Jahr auf eine halbe Million Nachkommen.

Welches ist das größte Nagetier der Welt?

Das größte Nagetier ist das südamerikanische Wasserschwein oder Capybara. Es misst vom Kopf bis zur Spitze des kleinen Stummelschwanzes über einen Meter und sieht aus wie ein kleines Flusspferd. Wasserschweine sind ausgezeichnete Schwimmer und leben in Gruppen von etwa 20 Tieren in Gewässernähe.

Stachelschweine richten die Stacheln auf, wenn sie sich bedroht fühlen.

Wie verhält sich das Stachelschwein bei Gefahr?

Es stellt die Stacheln auf und schüttelt den Schwanz, so dass sie rasseln, um den Gegner zunächst einmal abzuschrecken. Genügt das nicht, greift es rückwärts an und setzt die spitzen Stacheln als Waffe ein. Sie lösen sich leicht und bohren sich in die Haut des Gegners. Wenn sie nicht entfernt werden, können sie zu unangenehmen Entzündungen führen.

Welches Nagetier hat kein Fell?

Der Nacktmull ist ein merkwürdiges Säugetier. Sein Körper ist so gut wie kahl; die Augen sind winzig, die Schneidezähne außergewöhnlich groß. Nacktmulle bilden Kolonien, die von einer Königin geführt werden; nur sie pflanzt sich fort. Sie leben unter der Erde in großen Gangsystemen, die sich 3 km weit verzweigen können. Dort sind sie keinen Temperaturschwankungen ausgesetzt, daher brauchen sie kein wärmendes Fell, wenn sie nach Wurzeln und Knollen suchen.

Wie schnell wachsen die Zähne der Prärietaschenratte?

Die Prärietaschenratte, ein nordamerikanisches Nagetier, verbringt ihr Leben in verzweigten Gängen unter der Erde. Ihre Schneidezähne wachsen, wie die aller Nagetiere, beständig nach, nutzen sich aber gleichzeitig durch das Nagen und Graben ab. Würden sie das nicht tun, wären sie nach einem Jahr 40 cm lang!

Warum putzen sich Kaninchen hinter den Ohren?

Beim Putzen fahren Kaninchen immer wieder mit den Pfoten über die Ohren und lecken die Pfoten anschließend ab. Auf diese Weise putzen sie sich nicht nur, sondern nehmen von den Ohren Fett auf, das im Körper die Bildung von Vitamin D unterstützt. Vitamin D ist wichtig für das Knochenwachstum. Hindert man ein Kaninchen am Putzen, bekommt es Rachitis (Knochenerweichung und Verformung).

Stürzen sich Lemminge in den Tod?

Lemminge sind kleine, untersetzte Tiere mit kurzem Schwanz und kleinen Augen. Sie leben in Skandinavien. Alle drei bis vier Jahre steigt ihre Zahl drastisch an, worauf Tausende von Lemmingen auf der Suche nach Nahrung von den Bergen in die Täler ziehen. Dabei stürzen sie sich nicht, wie oft behauptet wird, massenhaft kopfüber in den Tod, sobald sie das Meer erreichen. Vielmehr ist die Wanderung so gefährlich, dass viele Tiere beim Überqueren von Flüssen oder Straßen oder durch Raubtiere ums Leben kommen.

Biber sind geschickte Holzfäller.

Warum bauen die Biber Dämme?

Biber leben gesellig an Gewässern, können gut tauchen (bis 15 Minuten) und sind geschickte Baumeister. Aus Ästen und Zweigen schichten sie Dämme auf, um einen künstlichen See anzulegen. So stellen sie sicher, dass ihr Bau nicht überflutet wird und der Eingang immer unter Wasser liegt, damit keine Raubtiere eindringen können. Der Bau besteht aus mehreren hintereinander liegenden Kammern, die ins Steilufer gegraben werden. Wenn das Ufer flach ist, häufen sie im Wasser Zweige und Äste zu einem Bau auf, der mit Schlamm verkleidet wird. Leider ist der Biber in Europa fast ausgestorben, weil der Mensch einen großen Teil seines Lebensraums zerstört hat.

Welche Farben haben Eichhörnchen?

Die in Europa heimischen schlanken Eichhörnchen haben ein rotbraunes Fell und einen buschigen Schwanz. Die in Nordamerika verbreiteten Grauhörnchen sind etwas stämmiger und grau. Anfang des 20. Jahrhunderts wurden erstmals Grauhörnchen in England angesiedelt. Weil sie sich besser anpassen konnten, setzen sie sich gegenüber ihren rotbraunen europäischen Verwandten durch und wurden in England mit der Zeit sehr zahlreich. Auch in Deutschland kann man mittlerweile Grauhörnchen beobachten.

Wenn die Nahrung knapp wird, ziehen Lemminge von den Bergen in die Täler.

Wie fliegen Fledermäuse?

Obwohl es einige Säugetiere gibt, die den Gleitflug beherrschen, sind die Fledermäuse die einzigen Säugetiere, die wirklich fliegen können. Diese Fähigkeit verdanken sie der ausgeklügelten Form ihrer Flügel: Die Fingerglieder sind verlängert, dazwischen sitzt eine Lederhaut, die mit den Fußgelenken verbunden ist und die zum Fliegen aufgespannt wird. Fledermäuse sind exzellente Flugakrobaten – wenn sie erst einmal in der Luft sind. Nur wenige Fledermäuse können vom Boden abheben. Freischwanzfledermäuse lassen sich, um zu starten, von ihrem Schlafplatz an der Höhlendecke erst mehrere Meter tief fallen. Vampire vollführen einen Luftsprung, um aufsteigen zu können.

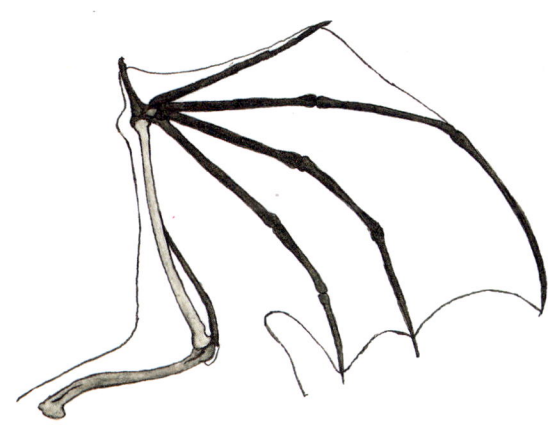

Fledermausflügel lassen noch die Handform erkennen. Deutlich sichtbar sind vier verlängerte Finger und ein kurzer Daumen.

Wie sehen Fledermäuse im Dunkeln?

Fledermäuse orientieren sich im Dunkeln mit Hilfe der Echoortung. Ununterbrochen stoßen sie hohe, für den Menschen unhörbare Laute aus. Wenn die Töne auf ein Hindernis stoßen, kommt ein Echo zurück, das die Fledermaus mit ihrem feinen Gehör aufnimmt und im Gehirn zu einer Art Tonbild zusammensetzt. So kann sie erkennen, ob sie einem feinen Draht ausweichen muss oder ein Insekt erbeuten kann, das sie zielsicher ansteuert.

Welche Fledermäuse verfüttern ihre Milch an fremden Nachwuchs?

Die in Texas und New Mexico heimischen Freischwanzfledermäuse leben in Höhlen, wo sie große Kolonien bilden – einige Kolonien bestehen aus über 10 Millionen Tieren! Während die erwachsenen Tiere bei Nacht auf Jagd gehen, bleiben die Jungen im Schutz der Höhle zurück. Wenn die Weibchen zurückkehren, suchen sie nicht nach ihrem eigenen Nachwuchs, sondern säugen das erstbeste Junge, das sie finden.

Welches Säugetier ernährt sich von Blut?

Die Vampir-Fledermaus aus Mittel- und Südamerika trinkt das Blut von Rindern und Pferden, verschmäht aber auch Menschenblut nicht. Sie saugt das Blut nicht, sondern ritzt mit ihren messerscharfen Zähnen die Haut und leckt das austretende Blut dann auf. Ihr Speichel hemmt die Blutgerinnung; es sickert, ohne zu verkrusten, aus der Wunde, während das Opfer weiterschläft. Die Blutmenge, die das Opfer verliert, ist in der Regel zwar gering, doch besteht die Gefahr, dass die Fledermäuse Krankheiten wie die Tollwut übertragen, die auch den Menschen befallen können.

Warum hat das Große Hasenmaul so lange Beine?

Neben Insekten fangen diese in Mittel- und Südamerika heimischen Fledermäuse auch Fische. Mit Hilfe der Echoortung nehmen sie schon kleinste Veränderungen an der Wasseroberfläche wahr. Verraten kleine Wellen, dass ein Fisch dicht unter der Wasseroberfläche schwimmt oder nach Luft schnappt, stürzen sie herab, tauchen die langen, mit Krallen bewehrten Füße ins Wasser und schnappen zu. Noch während des Flugs verschwindet die Beute im Maul der Fledermaus.

Fledermäuse senden Schallwellen aus und ziehen aus dem Echo Rückschlüsse auf die Beute.

Was sind Insectivoren?

Insectivoren sind Tiere, die Insekten und andere kleine wirbellose Tiere wie Würmer und Schnecken fressen. Zu den Insectivoren oder Insektenfressern zählen Maulwurf, Igel und Spitzmaus.

Wie wehrt sich der Rattenigel?

Der südostasiatische Rattenigel ist ein struppig wirkendes Tier mit weiß gezeichnetem Kopf, schwarzem Körper und einem langen Schuppenschwanz. Bei Aufregung oder Gefahr verströmt er aus Duftdrüsen am After einen Ekel erregenden Geruch, der die meisten Angreifer in die Flucht schlägt. Rattenigel leben im Unterholz und hohlen Baumstämmen und gehen nachts auf Beutejagd.

Welches Säugetier ist giftig?

Die Speicheldrüsen vieler Spitzmausarten enthalten ein starkes Gift. Es wird in den Speichel abgegeben und gelangt von dort in die Blutbahn des Opfers, wenn die Spitzmaus zubeißt. Mäuse und andere Kleintiere werden sehr schnell gelähmt, aber auch beim Menschen hinterlässt der Biss schmerzhafte Wunden.

Wie hat sich der Maulwurf an das Leben unter der Erde angepasst?

Maulwürfe haben, wie die meisten Insektenfresser, einen feinen Geruchssinn, mit dem sie die Beute aufspüren, und eine spitze Schnauze mit vielen kleinen Zähnen. An den Vorderpfoten besitzen sie kräftige Schaufelhände, mit denen sie sich durchs Erdreich wühlen. Dabei bewegen sie sich rückwärts ebenso geschickt wie vorwärts. Sehen kann der Maulwurf nicht so gut. Die Augen sind klein und tief im dichten Fell verborgen. Dafür ist sein Tastsinn hervorragend entwickelt. Die Tastborsten an Schnauze und Schwanz reagieren auf die kleinste Erschütterung.

Maulwürfe haben ein samtiges Fell.

Ameisenbär

Warum läuft der Große Ameisenbär auf den Handrücken?

Der Große Ameisenbär besitzt lange, scharfe Vorderklauen und läuft auf den Knöcheln, um die Klauen zu schonen. Die kräftigen Klauen sind sein Werkzeug, mit dem er Ameisen- und Termitenhügel aufbricht. Mit der bis zu 60 cm langen klebrigen Zunge leckt er anschließend die schmackhafte Beute auf. Sein Appetit ist groß: 30 000 Tiere täglich.

Was ist ein Schuppentier?

Schuppentiere sind Ameisenfresser mit einem seltsamen Aussehen. Sie haben, wie andere Ameisenfresser auch, eine spitze Schnauze und eine lange, klebrige Zunge. Doch ihr Körper ist von großen Hornschuppen bedeckt, die sie aussehen lassen wie riesige Tannenzapfen. Einige Schuppentiere sind Baumbewohner und nutzen beim Klettern den Greifschwanz.

Schuppentiere rollen sich bei Gefahr zusammen.

Meeressäuger

Was fressen Wale?

Wale lassen sich in zwei Gruppen teilen: die Zahnwale und die Bartenwale. Zahnwale sind meist kleiner als Bartenwale und ernähren sich von Fischen, machen aber auch Jagd auf Delfine, Robben und sogar kleine Wale. Bartenwale sind die Riesen der Ozeane. Sie besitzen keine Zähne; von ihrem Gaumen hängen große Hornplatten herab, Barten genannt, die wie ein riesiges Sieb wirken. Bartenwale ernähren sich von winzig kleinen Krebstieren, dem so genannten Krill, den sie mit Hilfe der Barten in großen Mengen aus dem Wasser filtern. Der Blauwal, der größte Wal, der bis zu 30 m lang werden kann, filtert täglich 4 Tonnen Krill aus dem Wasser.

Wie oft muss ein Wal atmen?

Wale müssen viel seltener atmen als Landsäugetiere, da sie Sauerstoff in den Muskeln speichern können. Außerdem entleeren sie ihre Lunge sehr viel wirkungsvoller von verbrauchter Luft als z. B. der Mensch. Wenn sie auftauchen, wird bis zu 90 % der verbrauchten Luft durch zwei Blaslöcher oben am Kopf ausgestoßen. Auf diese Weise können die Wale mehr Sauerstoff aufnehmen und bis zu zwei Stunden tauchen, ohne zu atmen. An der Form der Fontäne, die beim Ausatmen entsteht, kann man mit einiger Übung erkennen, um welche Art Wal es sich handelt.

Die beiden Blaslöcher oben am Kopf werden beim Tauchen verschlossen.

Warum werden Bartenwale so groß?

Die riesigen Bartenwale sind friedliche, freundliche Tiere, die ihre Nahrung aus dem Wasser filtern. Sie haben keinen Grund, kleiner und damit schneller und wendiger zu sein. Anders als bei Landtieren, deren Knochen unter dem Gewicht brechen würden, wird der schwere Walkörper vom Wasser getragen, so dass es theoretisch keine obere Grenze für die Größe gibt. Außerdem hat es viele Vorteile, so groß zu sein. Große Tiere können die Körperwärme besser halten als kleine, da sie im Verhältnis zur Masse eine kleinere Oberfläche besitzen. Darüber hinaus werden die meisten Räuber allein durch die Größe abgeschreckt.

Wie halten sich Wale im eisigen Wasser warm?

Wale verfügen über eine dicke, isolierende Fettschicht, Blubber genannt, die ihren Körper im kalten Wasser warm hält. Das Körperfett ist nicht weich und wabbelig, sondern fest und kompakt. Bei manchen Arten wird es bis zu 50 cm dick.

Säugen Wale ihre Jungen?

Ja. Wale sind Säugetiere. die in der Regel ein Junges zur Welt bringen, das von der Mutter gesäugt wird. Die Geburt findet im Wasser statt. Das Neugeborene muss binnen Minuten zum Atmen an die Oberfläche kommen, sonst ertrinkt es. Schnell lernt es, die Zitzen der Mutter zu finden, die in Hauttaschen an der Unterseite des Körpers sitzen.

Buckelwal

Warum singen Buckelwale?

Buckelwale leben in Familienverbänden und sind die wohl musikalischsten unter den Säugetieren. Ihr Gesang kann viele Stunden dauern und ist außerordentlich kompliziert; noch ist er nicht genau erforscht. Mit den Lauten verständigen sich die geselligen Tiere wahrscheinlich, geben sich zu erkennen und orten die Beute (Echoortung). Schall kann sich im Wasser sehr viel besser ausbreiten als in der Luft. Die Lieder der Buckelwale sind über Hunderte von Kilometern zu hören.

Was haben Delfin und Fledermaus gemeinsam?

Beide bedienen sich der Echoortung, um Beute aufzuspüren. Delfine geben sehr schnell aufeinander folgende Klicklaute von sich, etwa 1000 Signale pro Sekunde. Das Echo werten sie aus und können so auch in dunkler Tiefe „sehen". Man nimmt an, dass das Gewebe, das in der vorgewölbten Stirn sitzt, dem Empfang der Schallwellen dient.

Was ist ein Dugong?

Der Dugong gehört zu den Seekühen. Das sind große Meeressäuger, die ihr ganzes Leben im Wasser verbringen und am Meeresgrund Seegras und andere Wasserpflanzen abweiden – daher der Name Seekuh. Der Dugong wird wegen seiner geteilten Schwanzflosse auch Gabelschwanzseekuh genannt und ist im Indischen Ozean und Nordpazifik zu Hause. Ausgewachsene Tiere sind über 3 Meter lang. Männliche Tiere haben zwei Stoßzähne, die aber wegen der fleischigen Lippen kaum zu erkennen sind.

Was fressen Schwertwale?

Der Schwertwal oder Orka ist nicht wählerisch – er frisst Fische, Kraken, Seelöwen, Robben, Meeresvögel und sogar Delfine und Tümmler, weshalb er auch Mörderwal genannt wird. Normalerweise jagen Schwertwale in Rudeln und greifen furchtlos auch Wale an, die größer sind als sie selbst. Sie sind sehr schnelle Schwimmer und legen beachtliche Entfernungen mit einer Geschwindigkeit von über 10 km/h zurück.

Dugong

Was ist der Unterschied zwischen Seelöwen und Robben?

Seelöwen können sich an Land erstaunlich gut bewegen, denn ihre Vorderflossen sind kräftig genug zum Abstützen am Boden, und die Hinterflossen lassen sich wie Füße nach vorn bewegen. Robben sind zwar hervorragende Schwimmer und Taucher, können aber mit ihren kurzen Flossen an Land nur schwerfällig „robben", daher der Name.

Das Walross besitzt beeindruckende Stoßzähne.

Warum hat ein Walross Stoßzähne?

Walrosszähne werden bis zu 40 cm lang. Das Walross kann sich damit auf eine Eisscholle ziehen oder am Meeresgrund nach Muscheln, Schnecken und kleinen Krebstieren graben, die es mit dem borstigen Schnauzbart ertastet. Die männlichen Tiere benutzen ihre Zähne darüber hinaus zur Verteidigung und zum Kampf mit Rivalen.

Welche Farbe haben neugeborene Weißwale?

Die Färbung der Weißwale oder Belugas dient zur Tarnung im arktischen Packeis. Bei der Geburt haben die Jungen eine dunkle, braunrote Tönung. Mit zunehmendem Alter färben sie sich blaugrau. Erst wenn sie mit sechs Jahren erwachsen sind, hat ihre Haut den cremegelben Farbton angenommen.

Warum ist Robbenmilch so nahrhaft?

Robbenmilch ist sehr fettreich, so wachsen die Jungen rasch heran. Robben und Seelöwen kommen zur Geburt und zur Aufzucht der Jungen an Land. Dort ist der Nachwuchs den Angriffen von Räubern schutzlos ausgeliefert. Daher ist es sinnvoll, die Zeitspanne, die sie außerhalb des Wassers verbringen, so kurz wie möglich zu halten. Nahrhafte Milch ist eine Möglichkeit dazu.

Leben alle Robben im Meer?

Nicht alle Robben leben im Meer. Eine Art, und zwar die Baikalrobbe, lebt im Süßwasser des Baikalsees in Sibirien. Der Baikalsee ist der tiefste See der Erde; die Baikalrobben verbringen die meiste Zeit ihres Lebens im nördlichen Teil des Sees.

Wie groß ist ein See-Elefant?

Der See-Elefant ist die größte Robbe der Welt. Er erreicht eine Länge von sechs Metern bei einem Gewicht von drei Tonnen. Den Namen erhielt er nicht allein wegen seiner Größe, sondern auch wegen der verlängerten Nase, die an einen Rüssel erinnert.

See-Elefant

Huftiere

Zu den den Huftieren gehören Schweine, Schafe und Rinder.

Was sind Huftiere?

Huftiere sind Pflanzen fressende Säugetiere, die auf Hufen laufen; meist handelt es sich um Herdentiere. Die Hufe haben sich aus Zehen entwickelt, die von einer Hornmasse umhüllt sind. Unpaarhufer tragen an jedem Fuß eine ungerade Zahl Zehen (eine oder drei); dazu gehören Pferd, Tapir und Nashorn. Paarhufer wie Schweine, Schafe und Rinder haben in der Regel zwei Zehen, einige Arten auch vier.

Warum sind manche Tiere Wiederkäuer?

Wiederkäuer sind Tiere, die schwer verdauliche Nahrung auswerten können, indem sie sie in einem besonderen Magen vorverdauen, dann wieder in die Mundhöhle zurückwürgen und noch einmal kauen. Der Magen eines Wiederkäuers besteht aus vier Kammern. Die Nahrung gelangt zunächst direkt in die beiden Vorkammern, den Pansen und den Netzmagen. Dort wird sie mehrere Stunden von Bakterien aufbereitet, bevor sie hochgewürgt und ein zweites Mal gekaut und eingespeichelt wird. Der Speisebrei, der dabei entsteht, gelangt in den Blättermagen, wo er vollständig zerrieben wird, und dann in den Labmagen und den sehr langen Darm, wo die Nährstoffe ins Blut aufgenommen werden. Wiederkäuer gibt es nur unter den Paarhufern.

Warum weiden Antilopen in großen Herden?

Das offene Grasland, in dem Antilopen weiden, bietet kaum Schutz vor Raubtieren. Deshalb versuchen sie sich, wie viele andere weidende Tiere, zu schützen, indem sie in großer Zahl auftreten. Wenn viele Augenpaare, Ohren und Nasen beständig auf der Hut sind, ist es für ein Raubtier fast unmöglich, die Beute zu überraschen. Zudem kann eine große Zahl von Tieren, die in alle Himmelsrichtungen fliehen, den Angreifer verwirren, so dass die Beute eine höhere Chance hat zu entkommen.

Worin unterscheiden sich Hörner und Geweihe?

Der Hauptunterschied besteht darin, dass Hörner dauerhaft sind, Geweihe jedoch jährlich abgeworfen werden. Mit Ausnahme der Elche haben alle männlichen Tiere der Hirschfamilie ein Geweih, das jeweils am Ende der Paarungszeit abgeworfen wird. Geweihe sind lange, verzweigte Gebilde aus Knochen. Hörner bestehen wie Klauen, Nägel und Haar aus Keratin. Sie sind hohl und damit leichter als sie aussehen.

Das Rothirschgeweih ist mit weichem Bast überzogen.

Wozu dienen Hörner und Geweihe?

Hörner und Geweihe dienen weniger der Verteidigung, obwohl sie gelegentlich auch dazu benutzt werden. Ihr Hauptzweck liegt vielmehr darin, das überlegene und damit für die Fortpflanzung geeignete Tier zu ermitteln. Während der Paarungszeit fechten die männlichen Tiere Brunftkämpfe aus, indem sie Hörner oder Geweihe ineinander verhaken. So ein Kampf wirkt gefährlich, endet aber meist unblutig, weil der Verlierer rasch das Weite sucht.

Wie unterscheiden sich
Afrikanischer und Indischer Elefant?

Am stärksten fällt der Unterschied an den Ohren auf. Afrikanische Elefanten haben größere Ohren als ihre indischen Verwandten. So können sie sich in der Hitze Afrikas Kühlung verschaffen. Indische Elefanten erkennt man an den Stirnhöckern. Nur die männlichen Tiere haben Stoßzähne. Beide Arten wurden wegen des Elfenbeins lange Zeit gejagt. Obwohl die Jagd heute verboten ist, fallen noch viele Tiere Wilderern zum Opfer.

Haben Warzenschweine
wirklich Warzen?

Warzenschweine weiden in der afrikanischen Savanne und wühlen im Boden nach Zwiebeln, Knollen und Wurzeln. Sie haben lange Beine, einen großen Kopf und eine breite Schnauze, aus der vier Hauer hervorragen. Links und rechts am Kopf sitzen vier eigentümliche Hauthöcker, denen sie ihren Namen verdanken.

Der Afrikanische Elefant (unten) ist größer, hat einen rundlichen Kopf und viel größere Ohren und längere Stoßzähne als sein indischer Verwandter.

Wie kann man Ren und Karibu
unterscheiden?

Äußerlich lassen sich Ren und Karibu nicht unterscheiden, da es ein und dieselbe Art ist. Beide variieren in der Farbe von Dunkelbraun bis fast Weiß, beide leben in der arktischen Tundra, wo sie in riesigen Herden umherziehen. Der einzige Unterschied besteht im Verbreitungsgebiet: Rentiere leben im nördlichen Europa und Asien, Karibus in Nordamerika.

Welchem Umstand verdankt
der Klippspringer seinen
Namen?

Die in Südwestafrika heimischen Klippspringer sind Antilopen, die einen ungewöhnlichen Lebensraum bewohnen: Steilhänge und Felsen. Auf den abgeplatteten Spitzen ihrer Hufe klettern sie selbst auf steilen Felsvorsprüngen erstaunlich sicher umher. Sie markieren ihr Revier mit speziellen Duftmarken und grasen in der Dämmerung und in mondhellen Nächten.

Wie viele Halswirbel
hat eine Giraffe?

Eine Giraffe kann bis zu 6 m hoch werden, wobei der Hals die halbe Körperhöhe ausmacht. Man könnte vermuten, das Giraffen deshalb mehr Halswirbel als andere Tiere haben. Tatsächlich sind es nur sieben – genau wie bei allen anderen Säugetieren und auch beim Menschen.

Wovon ernähren
sich Giraffen?

Giraffen weiden in den Baumkronen. Mit der langen Greifzunge pflücken sie Blätter und Zweige, die sie im Stehen wiederkäuen. Zum Trinken am Wasserloch müssen sie die Vorderbeine spreizen, damit das Maul bei gesenktem Kopf ans Wasser reicht.

Giraffen halten den Höhenrekord unter den Tieren.

Welches Tier ist der nächste Verwandte des Elefanten?

Es klingt unglaublich, aber als die nächsten Verwandten des Elefanten gelten die kleinen Schliefer aus Afrika. Die untersetzten Tiere mit kurzen Ohren und einem zurückgebildeten Schwanz ähneln Kaninchen, zählen aber zu den Huftieren. Einige Arten können sogar auf Bäume klettern; Klippschliefer bevorzugen felsiges Gelände. An den Zehen tragen Schliefer abgeflachte Nägel, die Hufen ähneln, und an der Sohle ein Hautkissen, das wie ein Saugnapf wirkt und beim Klettern hilft.

Speichern Kamele in den Höckern Wasser?

In den Höckern speichern Kamele kein Wasser, sondern Fett. In Notzeiten wird es abgebaut und liefert dann Energie und Wasser. So können sie lange auskommen, ohne zu fressen oder zu trinken. Überhaupt sind Kamele bestens an das Leben in der Wüste angepasst. Überschüssige Körperwärme können sie leicht abgeben, da alles Fett in den Höckern gespeichert und der übrige Körper davon frei ist. Die breiten Füße sinken im Sand nicht ein, lange Wimpern schützen die Augen vor Flugsand, und die Nasenlöcher lassen sich verschließen. Zu den Kamelen zählen die Dromedare mit einem Höcker und die Trampeltiere, die zwei Höcker haben.

Warum gähnen Flusspferde?

Flusspferde reißen zuweilen das Maul auf, so als ob sie gähnen würden. Tatsächlich wollen sie auf diese Weise Eindruck machen. Die männlichen Tiere sind in der Paarungszeit sehr aggressiv. Sie reißen das Maul auf, um den Rivalen ihre beachtlichen Zähne zu zeigen, mit denen sie Gegnern schwere Verletzungen zufügen können. Flusspferde verbringen die meiste Zeit im Wasser; nur Augen, Ohren und Nase schauen hervor. In der Dämmerung kommen sie an Land, um zu weiden.

Das plumpe Flusspferd kann hervorragend schwimmen und tauchen.

Wie schwer kann ein Nashorn werden?

Nach dem Elefanten ist das Nashorn das schwerste Landsäugetier: Ausgewachsene Tiere können bis zu fünf Tonnen wiegen. Obwohl sie so schwer sind, können sie eine Geschwindigkeit von 50 km/h erreichen, wenn sie losstürmen, um anzugreifen. Die ansonsten friedlichen Pflanzenfresser sehen schlecht und fühlen sich leicht bedroht. In Indien lebt das Panzernashorn, das nur ein Horn auf der Nase hat. Zwei Hörner haben das Spitzmaulnashorn und das Breitmaulnashorn, die in der afrikanischen Steppe heimisch sind.

Dromedare an einer Wasserstelle

Welches ist die größte lebende Hirschart?

Der im nördlichen Kanada, Europa und Asien heimische Elch ist der größte aus der Familie der Hirsche. Die Männchen tragen ein schweres, schaufelförmiges Geweih. Außerhalb der Paarungszeit sind Elche Einzelgänger. Im Winter ernähren sie sich von Zweigen und Baumrinde, im Sommer waten sie in Flüsse und Seen auf der Suche nach Wasserpflanzen.

Raubtiere

Löwenmännchen haben eine Mähne.

Wie jagen Löwen ihre Beute?

Löwen sind die größten afrikanischen Raubtiere und die einzigen, die in Rudeln leben. Die Jagd gehört ebenso wie die Aufzucht der Jungen zu den Aufgaben der Löwinnen. Sie sind schneller und geschmeidiger als die schweren Männchen. Die Löwinnen gehen im Schutz der Dunkelheit gemeinsam auf die Pirsch. So nahe wie möglich schleichen sie an eine Gruppe von Beutetieren heran, z. B. Antilopen, Gazellen oder Weißschwanzgnus. Getötet wird mit einem gezielten Biss in den Nacken oder Hals. Ist die Beute erlegt, bahnen sich die Männchen einen Weg durch die Löwinnen, um ihren Anteil zu fordern.

Wer ist der schnellste Jäger?

Das schnellste Raubtier ist der Gepard. Innerhalb von drei, vier Sekunden erreicht er eine Geschwindigkeit von bis zu 100 km/h. Nach kurzem, schnellem Sprint wird die Beute zu Fall gebracht und getötet. Für ausgedehnte Strecken fehlt ihm das Durchhaltevermögen. Gejagt werden Hasen, kleine Antilopen und Vögel.

Der Gepard hat eine Beschleunigung, wie kaum ein Auto sie hat.

Warum hat der Fennek so große Ohren?

Der Fennek ist ein kleiner sandfarbener Wüstenfuchs mit schwarzer Schwanzspitze, der in Arabien und der Sahara lebt. Er hat von allen Raubtieren die größten Ohren im Verhältnis zu seiner Körpergröße. Wenn er bei Nacht auf Jagd geht, entgeht ihm nicht das geringste Geräusch. Bei Tag gibt er über die großen Ohren überschüssige Körperwärme ab.

Warum sind Hyänen so erfolgreiche Jäger?

Hyänen leben unter anderem in der afrikanischen Savanne, wo sie sich von dem ernähren, was andere Raubtiere übrig lassen, aber auch lebende Beute jagen. Sie leben in Rudeln von 80 bis 100 Tieren und gehen bei Nacht gemeinsam auf Jagd. Dabei verständigen sie sich durch ein große Zahl verschiedener Laute; mitunter klingt ihr Heulen und Schreien wie schauriges Gelächter. Hyänen reißen Tiere, die weit größer sind als sie selbst, wie Zebras und Antilopen. Dazu hetzen sie die Beute so lange, bis sie zusammenbricht. Mit Ausnahme des Schädels werden alle Teile des Kadavers von der Meute verschlungen.

Sind Haushunde mit dem Wolf verwandt?

Der Wolf ist der wilde Urahn aller bekannten Haushunde. Möglich, aber wenig wahrscheinlich ist, dass auch andere Wildformen, z. B. der Schakal, einen Anteil an der Entstehung des heutigen Haushundes haben. Die ältesten Hundefossilien (Versteinerungen) fand man in Europa und dem Mittleren Osten; sie sind etwa 9000 bis 11 000 Jahre alt. Vermutlich wurden Hunde schon viel früher domestiziert (gezähmt). Wölfe kommen heute nur noch in einigen entlegenen Regionen in Europa, Asien und Nordamerika vor.

Warum hat der Tiger ein gestreiftes Fell?

Tiger sind die größten unter den Raubkatzen und gehen in der Dämmerung als Einzelgänger auf die Jagd. Mit dem gestreiften Fell sind sie im Steppengras und Buschwerk perfekt getarnt. Sie schleichen sich an Hirsche, Schweine und Wildrinder heran, die am Wasserloch trinken, reißen die Beute mit einem Satz zu Boden und töten sie durch einen Biss in den Hals.

Warum blicken Erdmännchen ständig zum Himmel?

Erdmännchen gehören zu den Mangusten, kleinen Schleichkatzen. Sie sind graubraun, oberseits schwarz gebändert und leben in Kolonien von 20 bis 30 Tieren in der südafrikanischen Savanne. Dort hausen sie in Erdbauen aus mehreren miteinander verbundenen Kammern. Wenn sie draußen nach Insekten suchen, hält ein Teil der Gruppe aufgerichtet Wache. Sie stellen sich auf die Hinterbeine, stützen sich mit dem Schwanz ab und spähen in den Himmel, um nach Greifvögeln Ausschau zu halten. Sobald ein Vogel gesichtet wird, gibt es Großalarm, und die ganze Sippe verschwindet blitzartig kopfüber im Bau.

Wie unterscheiden sich Puma und Berglöwe?

Überhaupt nicht – es handelt sich um zwei verschiedene Namen für ein und dasselbe Tier, das in Nord- und Südamerika heimisch ist und keineswegs nur in den Bergen lebt; auch mit dem Löwen hat es wenig gemeinsam. Pumas sind schlanke, athletische Raubkatzen mit gelbbraunem Fell, die nachts Jagd machen auf Hirsche und kleine Säugetiere. Sie können bis zu 6 m weit springen und miauen ähnlich wie eine Hauskatze, nur lauter.

Puma

Im hohen Gras ist der Tiger gut getarnt.

Was ist ein Skunk?

Skunks sind katzengroße Stinktiere, die in den Wäldern und Steppen Nord- und Südamerikas leben. Feinden treten sie mutig entgegen, denn sie können aus Drüsen am Hinterleib ein Ekel erregendes Sekret (eine Flüssigkeit) versprühen. Es stinkt so widerwärtig, dass der Angreifer augenblicklich die Flucht ergreift. In der Dämmerung ziehen die Stinktiere auf der Suche nach Beute (Insekten, Kleintiere und Beeren) ganz ohne Deckung umher. Ihre auffällige, schwarz-weiße Warntracht weist auf die Gefahr hin. Genügt das nicht, stellen sie sich auf die Vorderpfoten und heben drohend den Schwanz.

Warum schleppt der Leopard seine Beute auf einen Baum?

Leoparden machen bei Gelegenheit Jagd auf Gazellen, Schweine und Affen, fressen aber auch Vögel und Insekten. Große Beutetiere, wie z. B. eine Antilope, schleppen sie auf einen Baum und verzehren sie dort. So verhindern sie, dass sich unwillkommene Gäste einfinden, wie Hyänen, und ihnen die Beute streitig machen. Leoparden haben ein geflecktes Fell. Hin und wieder kommt es vor, dass sie ein schwarzes Fell haben. Dann nennt man sie Schwarze Panther.

Warum vergräbt ein Hund seinen Knochen?

In freier Wildbahn heben Füchse und Hunde alles übrig gebliebene Futter auf. Ein Rotfuchs, der mehr getötet hat als er fressen kann, vergräbt den Rest, um ihn später, wenn er hungrig ist, wieder hervorzuholen. Die Angewohnheit unserer Haushunde, Knochen zu vergraben, ist eine instinktive Handlung, die sie von ihren Vorfahren geerbt haben.

Welches ist das gefräßigste Raubtier?

Diesen zweifelhaften Ruf hat der Vielfraß, der auch Bärenmarder genannt wird und in Skandinavien und Nordamerika lebt. Er hat einen gewaltigen Appetit, ist außerordentlich stark und greift auch Tiere an, die größer sind als er selbst, z. B. Rentiere. Mitunter gelingt es ihm sogar, einem Bären die Beute abspenstig zu machen.

Der Vielfraß hat einen schier unstillbaren Appetit.

Warum ähnelt der Erdwolf einer Streifenhyäne?

Beide haben einen fliehenden Rücken, spitze Ohren und eine dichte Rückenmähne, die sie aufstellen, damit sie größer wirken. Aber während die Hyäne mit scharfen Zähnen und kräftigen Klauen ausgestattet ist, besitzt der Erdwolf, seinem Speisezettel (Termiten) gemäß, ein vergleichsweise schwaches Gebiss und kleine Zähne. Er hat daher gute Gründe, das Aussehen der Hyäne nachzuahmen. Große Raubtiere, wie z. B. Leoparden, halten ihn so für eine weit schwierigere Beute, als er tatsächlich ist, und greifen sicherheitshalber nicht an.

Sind alle Großbären braun?

Großbären, wie der Grisli, sind nicht immer braun. Es treten vom Gelbbraun bis fast zum Schwarz alle Farbtöne auf. Die großen, kräftigen Tiere nehmen eine sehr abwechslungsreiche Kost zu sich: Insekten, Früchte, Fische und kleine Säugetiere. Im Herbst fressen sie sich für den bevorstehenden Winterschlaf aus Beeren und Früchten ein Fettpolster an.

Wie spürt ein Honigdachs den Honig auf?

Der stämmige Honigdachs lebt in Afrika und Südasien und hat eine extrem harte Haut, die ihn vor Bienenstichen schützt. Honig ist sein Leibgericht, weshalb er zu einem kleinen Vogel, dem Honiganzeiger, eine besondere Beziehung entwickelt hat. Der Honiganzeiger lässt, wenn er einen Bienenstock findet, einen charakteristischen Ruf erklingen, der das Interesse des Dachses weckt. Der Dachs folgt dem Ruf, findet den Bienenstock und bricht ihn mit den kräftigen Vorderpfoten auf. Dann lassen die beiden Partner sich den Honig schmecken.

Warum ist eine Katzenzunge rau?

Mit der rauen Zunge raspeln die Katzen Fleischbröckchen von den Knochen oder entfernen damit die Haare der erlegten Beutetiere. Außerdem ist die raue Zunge eine nützliche Putzhilfe, die die Katzen regelmäßig einsetzen, wenn sie ihr Fell pflegen.

Braunbär

Affen

Nasenaffe

Wollaffe

Roter Guereza

Affen sind intelligente Säugetiere, die hauptsächlich in warmen Regionen leben.

Was sind Primaten?

Primaten oder Herrentiere sind die am höchsten entwickelten Säugetiere. Sie haben lange Gliedmaßen, bewegliche Finger und Zehen, können ausgezeichnet sehen, hören und tasten und haben ein größeres Gehirn als andere Tiere der gleichen Größe.

Wie viele Arten von Primaten gibt es?

Man unterscheidet rund 180 Arten, die in zwei Gruppen unterteilt werden. Die eine Gruppe bilden die Halbaffen; dazu zählen Lemuren, Makis, Loris, Indris und Fingertiere. Die zweite Gruppe bilden die höheren Primaten oder Affen; dazu gehören die Menschenaffen – und auch der Mensch.

Was sind Menschenaffen?

Die Menschenaffen (Orang-Utan, Gorilla und Schimpanse) sind die nächsten Verwandten des Menschen und zeichnen sich dadurch aus, dass sie keinen Schwanz mehr haben. Außerdem nehmen sie eher eine aufrechte Haltung an als andere Affen.

Wie haben sich die Affen dem Leben auf den Bäumen angepasst?

Affen haben nach vorn gerichtete Augen. Dadurch können sie räumlich sehen und Entfernungen gut abschätzen, was ihnen beim Klettern und Jagen zugute kommt. An den langen Armen sitzen Hände zum Greifen. Die meisten können mit den Füßen genauso gut greifen wie mit den Händen. Manche Arten setzen beim Klettern zusätzlich den muskulösen Greifschwanz ein und schwingen sich geschickt von Ast zu Ast.

Welcher Affe benutzt einen Schirm?

Der Orang-Utan lebt im südostasiatischen Regenwald, wo er die meiste Zeit auf den Bäumen zubringt. Vor heftigen Regenfällen schützt er sich mit einem großen Blatt, das er wie einen Regenschirm hält. Weil ihr Lebensraum zerstört wird, sind die Orang-Utans selten geworden. Hinzu kommt, dass sie als Haustiere beliebt sind und Jungtiere den Müttern gewaltsam weggenommen werden.

Wie intelligent sind Menschenaffen?

Menschenaffen sind hochintelligente, lernfähige Tiere. In freier Wildbahn benutzen sie Stöcke als Werkzeug, um Termiten aus dem Nest zu angeln, und Blätter zum Wasserschöpfen; in Gefangenschaft erlernen sie leicht einfache Tricks. Einigen Schimpansen brachte man sogar eine Zeichensprache bei.

Sind Gorillas gefährlich?

Nur wenigen Tieren wird so viel Falsches nachgesagt wie dem Gorilla. Trotz seiner großen, massigen Gestalt ist er ein ruhiger, friedlicher Pflanzenfresser, der (mit Ausnahme des Menschen) kaum Feinde hat. Gorillas leben in Familienverbänden in den Bergen Zentralafrikas und ernähren sich von Blättern, Halmen und Beeren. Angeführt wird die Gruppe vom ältesten Männchen, das an silbergrauen Fellhaaren am Rücken zu erkennen ist. Fühlt es sich gestört oder bedroht, richtet es sich auf und schlägt sich auf die Brust. Manchmal reißt es auch Pflanzen aus und wirft damit. Wenn der Anführer stirbt, kämpfen die jüngeren Männchen um die Nachfolge.

Welche Affen leben am liebsten am Boden?

Paviane verbringen fast den ganzen Tag am Boden, um dort nach Futter zu suchen. Sie leben, je nach Art, in Gruppen von 20 bis 200 Tieren. Die meisten Paviane sind Allesfresser und lassen sich eine Mischkost aus Früchten, Samen, Blättern, Wurzeln, Insekten und kleinen Säugetieren schmecken. Nur zum Schlafen suchen sie nachts die Bäume auf.

Gorilla

Paviane leben auf der Arabischen Halbinsel und in Afrika südlich der Sahara.

Wo schlafen Schimpansen?

Schimpansen halten sich tagsüber meist am Boden auf. Sie laufen auf Händen und Füßen und stützen sich mit den Knöcheln ab. Zum Schlafen suchen sie den sicheren Schutz der Bäume auf. Jedes Tier baut sich am Abend in einer kräftigen Astgabel ein bequemes Nest aus Zweigen und Blättern. Das ganze Unternehmen dauert kaum länger als fünf Minuten. Nur Weibchen mit Neugeborenen verwenden mehr Zeit, um ein besonders stabiles Nest zu bauen.

Wozu benutzt der Katta seinen Schwanz?

Kattas leben auf der Insel Madagaskar und haben wundervoll schwarz und weiß geringelte Schwänze, die sie, wenn sie auf alle Vieren am Boden laufen, wie ein Banner emporhalten. Sie verbringen viel Zeit in Gemeinschaft, wo der Schwanz ein ausgezeichnetes Verständigungsmittel ist. Kattamännchen verwenden den Schwanz außerdem, um einander zu imponieren. Konkurrierende Männchen bestreichen ihren Schwanz mit einem duftenden Sekret (einer Flüssigkeit) aus Drüsen unter den Armen und schwingen ihn dann so über den Rücken, dass der Duft auf eine recht aufdringliche Art und Weise vor ihnen herschwebt.

LEBENSRÄUME DER TIERE

Polarregionen

Wie viele Pinguine fängt ein Eisbär pro Jahr?

Keinen einzigen. Eisbären leben am Nordpol, Pinguine am Südpol. Daher treffen sie nie aufeinander.

Wie groß ist das kleinste Landtier der Antarktis?

Es misst ganze 12 Millimeter und ist eine flugunfähige Mücke. Wegen der niedrigen Temperaturen und des nur spärlich vorhandenen Pflanzenwuchses leben in der Antarktis kaum Landtiere. Die meisten davon sind winzige Wirbellose – zu klein, um sie ohne Mikroskop erkennen zu können. An Gliederfüßern gibt es nur 12 Arten, auf den anderen Kontinenten hingegen einige Millionen.

Wo verbringt der Kaiserpinguin den Winter?

Weibliche Kaiserpinguine verbringen den Winter mit Jagen am Meer. Die männlichen Tiere halten hingegen die beiden schlimmsten Wintermonate auf dem antarktischen Eis aus. Die Temperaturen betragen im Durchschnitt –20 °C; der Wind kann eine Geschwindigkeit von 200 km/h erreichen. In diesen Monaten herrscht völlige Dunkelheit, und es gibt keinerlei Futter.

Warum zögern Adelie-Pinguine beim Sprung ins Wasser?

Adelie-Pinguine verharren oft am Ufer, aus Angst, von einem gefräßigen Seeleoparden geschnappt zu werden. Dieser stromlinienförmige Räuber der südlichen Eismeere ist darauf spezialisiert, Pinguine zu fangen, die das Eis verlassen.

Warum gefrieren Polartiere nicht, wenn die Temperatur unter den Nullpunkt fällt?

Ihr Körper enthält Substanzen, insbesondere *Glyzerin*, die ähnlich wirken wie das Frostschutzmittel, das im Auto das Gefrieren des Kühlwassers verhindert. Glyzerin hemmt die Kristallbildung im Wasser, so dass es auch bei sehr tiefen Temperaturen nicht gefrieren kann. Um in den Polargebieten überleben zu können, haben viele Tierarten, von den Fischen bis zu den Insekten, solche Frostschutzmittel entwickelt. Warmblütige Tiere wie Robben und Eisbären halten sich durch Verbrennen von Fettreserven warm.

Robben haben eine dicke Fettschicht, die sie vor dem eisigen Meerwasser schützt.

Drei Tierarten der Antarktis

Krabbenesser

Adelie-Pinguin

Kaiserpinguin

Wie schnell fliegen Pinguine?

Pinguine können nicht fliegen! Ihre Flügel sind so hervorragend an das Leben im Wasser angepasst, dass sie sich zum Fliegen nicht mehr eignen. Pinguine können exzellent schwimmen und tauchen und verwenden ihre Füße und Flügel als Flossen.

Warum stehen Pinguine immer aufrecht?

Damit die Beine im Wasser als Steuer wirkungsvoll zu gebrauchen sind, setzen sie sehr weit hinten am Körper an. Im Gegensatz zu einem Sperling oder einem Rotkehlchen muss sich der Pinguin daher an Land steil aufrichten.

Wie tief taucht ein Pinguin?

Vom Kaiserpinguin weiß man, dass er auf der Jagd nach Fisch und Krill über 250 Meter tief taucht. Pinguine können 5 bis 10 Minuten unter Wasser bleiben und sich beim Schwimmen einen solchen Schwung geben, dass sie ähnlich wie Delfine oft über einen Meter hoch aus dem Wasser schnellen.

Was fressen Krabbenesser?

Diese Robben fressen, wie viele Tiere der Antarktis, Krill, winzige Krebstierchen, die in ungeheurer Menge in den antarktischen Gewässern vorkommen. Krabbenesser haben spezielle, dreizackige Zähne, mit denen sie die Beute aus dem Wasser sieben. Zunächst füllen sie das Maul mit krillhaltigem Wasser. Dann drücken sie das Wasser durch die Zähne wieder hervor. Der Krill bleibt hängen. Auch Pinguine und Bartenwale ernähren sich vom Krill.

Wie sah die Antarktis vor 70 Millionen Jahren aus?

Erstaunlicherweise war es damals in der Antarktis warm. Wälder bedeckten das Land, und es lebten dort viele Tiere, darunter die Vorfahren der australischen Beuteltiere. Die Antarktis war damals noch mit Südamerika und Australien verbunden. Als die Kontinente auseinander brachen und das Klima kälter wurde, verwandelte sich die Antarktis in eine Eiswüste. Die Erinnerung an die warme Vergangenheit liegt in Fossilien bewahrt unter dem Eis.

1

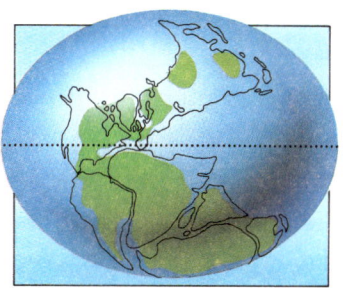

2

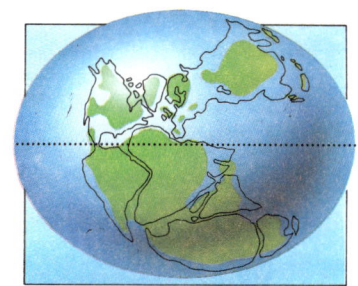

*Die Erde
1. vor 400 Millionen Jahren
2. vor 100 Millionen Jahren
3. vor 60 Millionen Jahren*

3

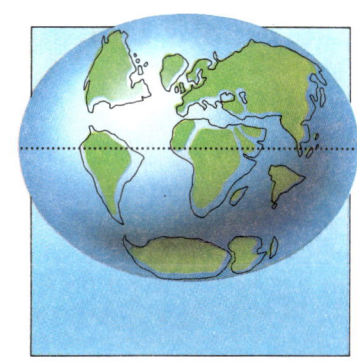

Blauwal

Pottwal

Glattwal

Wale finden in den arktischen Gewässern reiche Nahrung.

Welche Meeresvögel sind vollkommen weiß?

Viele Meeresvögel haben ein überwiegend weißes Gefieder, doch nur die Elfenbeinmöwe, die Eismöwe und die Feenseeschwalbe sind vollkommen weiß.

Wo lebt der Vogel, der am schnellsten schwimmt?

In der Antarktis und im Südatlantik. Es ist der Esels-Pinguin, der beim Schwimmen die Rekordgeschwindigkeit von 43 km/h erreicht.

Warum gibt es in der Arktis weit mehr Landtiere als in der Antarktis?

Weil die Arktis über Landbrücken und im Winter durch das Eis mit weiter südlich gelegenen Landmassen (Alaska, Grönland, Sibirien) in Verbindung steht. Diese Verbindung ermöglicht den Tieren ein Vor- und Zurückweichen; im Winter südwärts unter den Polarkreis, im Sommer zurück in die Arktis. Wenn die Tiere im Winter nicht südwärts wandern könnten, hätten sie in der Polarkälte keine Überlebenschance.

Warum haben Wale kein Fell?

Weil es den Widerstand erhöhen würde und den Tieren beim Schwimmen hinderlich wäre. Wenn du in Kleidern schwimmst, ergeht es dir ähnlich.

Welches Tier frisst vom Eis der Antarktis?

Weddell-Robben leben weiter südlich als jedes andere Säugetier und verbringen den antarktischen Winter unter den Eisschollen. Zum Luftholen nutzen sie Löcher im Eis, die sie offen halten, indem sie die Ränder beknabbern. Oft werden ihre Zähne mürbe. Die Folge ist, dass sie früh sterben – im Durchschnitt werden sie nur halb so alt wie andere große Robben.

Was ist die Tundra?

Die Tundra ist eine Vegetationszone, die an die eisbedeckten Regionen der Arktis grenzt und in der hauptsächlich Flechten, Moosen und kleine Sträucher gedeihen. Die obere Bodenschicht taut im Sommer auf, darunter ist der Boden ständig gefroren. Das Wasser kann daher nicht versickern, weshalb die Tundra im Sommer mit Pfützen bedeckt ist. Millionen Fluginsekten legen hier ihre Eier ab und dienen zahlreichen Vogelarten als Nahrung, z. B. Enten, Gänsen oder Stelzvögeln, die im Sommer von weither herkommen, um in der Tundra zu brüten.

Gebirge

Warum haben Chinchillas ein so dichtes Fell?

Chinchillas sind große Nagetiere, die in den südamerikanischen Anden noch in Höhen von etwa 7000 m leben. Ein dichtes Haarkleid schützt sie vor der extremen Kälte. Aus den Fellen stellten die Indios traditionell warme Winterkleidung her, was von den europäischen Eroberern übernommen wurde. Schon bald darauf waren Chinchillafelle in Europa so begehrt, dass die Zahl der Tiere drastisch zurück ging. Erst seit etwa 1930 steigt sie wieder an, da Chinchillas nun in Gefangenschaft gezüchtet werden. Das robuste Tier kann seinen gesamten Flüssigkeitsbedarf allein durch das Auflecken von Tau decken und schläft nachts in Felsspalten.

Was ist ein Lämmergeier?

Der Lämmergeier ist ein Raubvogel, der Bergregionen in Afrika, Indien, Tibet und Südeuropa bewohnt. Er ist auf frisches Aas von Tieren spezialisiert, die in den Bergen abstürzen. Oft muss er sich jedoch mit dem zufrieden geben, was größere Geierarten übrig gelassen haben. Seine Beine sind dicht mit Federn besetzt.

Welcher Specht sieht nie einen Baum?

Der Goldspecht. Er lebt in den südamerikanischen Anden oberhalb der Baumgrenze und ernährt sich von Insekten, die er am Boden findet. Außerdem frisst er Früchte und Beeren. Bei der Balz trommelt er mit dem Schnabel auf eine harte Oberfläche. Auf diese Weise erhebt er auch Anspruch auf sein Territorium.

Wie kann man ein Wildschaf von einer Wildziege unterscheiden?

Wildschafe tragen meist gekrümmte, stumpfe Hörner, die bei den männlichen Tieren von beachtlicher Größe sein können. Die Hörner der Wildziegen sind hingegen kurz und spitz und bei beiden Geschlechtern gleich groß. Ziegen sind an ein Leben in felsigem Berggelände angepasst. Sie fliehen bei Gefahr in schwer zugängliches Terrain, in das ihnen der Angreifer nicht folgen kann. Die meisten Schafarten sind Bewohner der Ebenen.

Welches ist der größte Raubvogel?

Der Andenkondor, ein riesiger Geier, der am kahlen Kopf über dem Schnabel einen sonderbaren fleischigen Kamm trägt, der wie eine in die Augen gerutschte Baskenmütze aussieht. Er nistet vorwiegend im unzugänglichen Hochgebirge, doch es gibt auch Tiere, die die Klippen am Meer bevorzugen.

Was ist ein Stummelschwanz?

Der Stummelschwanz ist ein großes Nagetier von gedrungener Gestalt und mit einem nur ansatzweise vorhandenen Schwanz. Er lebt als scheuer Einzelgänger in den feuchten Wäldern im Nordwesten der Vereinigten Staaten und haust in einem Erdbau.

Warum leben so viele Ziegen im Gebirge?

Ziegen sind gut an das Leben im Gebirge angepasst. Ihre Hufe sind außen hart, innen aber weich, und wirken beim Klettern auf glattem Fels wie Saugfüße. Ein dichtes Fell schützt sie vor der Kälte. Darüber hinaus sind sie sehr genügsam und fressen, wenn das Futter knapp wird, beinahe alles.

Bergziegen wie dieser Steinbock sind mit ihren zierlichen Hufen geschickte Kletterer.

Warum leben Raubvögel oft im Gebirge?

Raubvögel wie den Adler trifft man in fast jedem Lebensraum an. Doch im Hochgebirge sind sie besonders häufig vertreten, weil dort günstige Lebensbedingungen herrschen: Die großen Vögel können die Aufwinde zwischen den Gipfeln beim Fliegen nutzen. Oberhalb der Baumgrenze erleichtert die spärliche Vegetation das Erspähen von Beute (Kaninchen, Murmeltiere, Vögel). Darüber hinaus ist das Hochgebirge unzugänglich für Menschen, die die Raubvögel stören und jagen.

Adler

Welche Insekten leben oberhalb der Schneegrenze und was fressen sie?

Die Grylloblattoiden, eine sonderbare Gruppe von Insekten, die vermutlich das fehlende Glied zwischen den Schaben und den Grillen darstellen, leben oberhalb der Schneegrenze und ernähren sich von toten oder sterbenden Insekten, die durch die Luftströmung von tiefer gelegenen Berghängen nach oben getragen und auf dem Schnee abgelagert werden.

Was ist ein Mauerläufer?

Der Mauerläufer ist ein grauer Vogel mit roten Flügeln, der an Felswänden nach Nahrung sucht. Er ist in Europa und Asien heimisch und klettert bei der Futtersuche langsam Felswände empor, um in Spalten und Ritzen nach Insekten zu suchen. Oben angekommen, fliegt er wieder zu Boden, um die nächste Felswand zu erklimmen. Der Mauerläufer ist mit dem Kleiber und dem Baumläufer verwandt, die auf ähnliche Weise Bäume nach Insekten absuchen.

Wälder des Nordens

Wo findet man Spannerraupen?

Man muss sehr viel Glück haben, um auf einem Baum oder einem Strauch eine Spannerraupe zu entdecken. Diese Raupen sind so vorzüglich getarnt, dass sie, wenn sie sich nicht gerade bewegen, nur sehr schwer zu entdecken sind. Braun, knorrig und wie Rinde gemustert, wirken sie wie ein Zweig, insbesondere dann, wenn sie sich gerade und unbeweglich in der Luft halten.

Warum klopft der Specht?

Dafür gibt es mehrere Gründe: Spechte leben von Insekten, die sich im Holz und unter der Borke versteckt halten. Sie nisten in Baumhöhlen, die sie aus dem Stamm meißeln, falls sie keine passende Höhle vorfinden. Manche Spechte trommeln mit dem Schnabel gegen den Stamm, um eine Partnerin anzulocken. Der Rotkopfspecht schließlich bohrt in Holzmasten und Bäume Hunderte kleiner Löcher, um darin jeweils eine Eichel als Futtervorrat zu deponieren.

Rotkopfspecht

Grünspecht

Wo findet der Grünspecht sein Futter?

Statt nur auf Bäumen nach Larven zu klopfen, sucht der Grünspecht einen großen Teil seiner Nahrung am Boden. Vor allem Ameisen interessieren ihn. Vom Baum aus späht er nach Ameisennestern aus, in die er mit seiner langen Zunge hineinfahren kann. Er nistet auf Bäumen.

Welcher Vogel kann mit dem Schnabel Tannenzapfen öffnen?

Der so treffend benannte Kreuzschnabel. Nur wenige andere Vögel können die harten Schuppen eines Tannenzapfens aufbrechen, um an die Samen zu gelangen. Beim Kreuzschnabel kreuzen sich die beiden an der Spitze gebogenen Schnabelhälften. Wenn er den Schnabel zwischen die Schuppen eines Zapfens steckt, bewegt er die untere Schnabelhälfte zur Seite und dreht gleichzeitig den Kopf. Die Schuppe zerbricht in zwei Hälften, und der Vogel kann an den Samen gelangen.

Warum haben die Saftsauger einen unzutreffenden Namen?

Weil sie den Saft nicht *aufsaugen*, sondern mit der Zunge auflecken. Saftsauger sind in Nord- und Mittelamerika heimische Spechte, die ein ungewöhnliches Verhalten zeigen. Im Frühjahr, wenn der Saft in die Bäume steigt, hämmern sie Löcher in den Stamm von Laubbäumen (Apfelbaum oder Ahorn). Unablässig sickert nun Saft hervor, den die Vögel auflecken. Sie kehren immer wieder zu ihrer Saftbar zurück und picken gleich noch Insekten auf, die von dem Saft ebenfalls angelockt werden.

Wo nisten Waldbaumläufer?

Unter der Baumrinde. Die kleinen Vögel suchen nach loser Rinde, zwängen sich dahinter und bauen in der Spalte ein winziges Nest.

Welche Tiere leben in einem Blatt?

Bestimmte Insektenlarven, die als Blattminierer bekannt sind. Einige Motten und Fliegen legen ihre Eier in den Blättern bestimmter Bäume ab. Die Larven bewegen sich im Blatt und fressen einen Gang hinein, der auf der Blattoberfläche als helle, wellige Linie zu sehen ist.

Wie kam der Schneeschuhhase zu seinem Namen?

Der Schneeschuhhase hat große Hinterpfoten, mit denen er im Schnee nicht so leicht einsinkt. Außerdem sind sie im Winter dicht behaart. Er lebt im hohen Norden. Im Sommer ist sein Fell graubraun, im Winter jedoch (bis auf die Ohren) weiß. So ist er zu jeder Jahreszeit bestens getarnt.

Schneeschuhhase

103

Steppen

Warum leben Geier häufig in Steppen?

Geier ernähren sich von Aas, das sie in der freien Steppe besser erspähen können als im dichten Wald oder Buschgelände. Aus der Luft oder von einzeln stehenden Bäumen aus halten sie Ausschau nach Beute. Entdeckt ein Geier einen Kadaver, bleibt das allerdings nicht lange unbemerkt, und andere Aasfresser folgen.

Geier

Warum haben Geier einen nackten Kopf?

Geier stecken beim Fressen den Kopf oft tief in den Kadaver, um an das weiche Fleisch im Innern zu gelangen. Danach ist ihr Kopf blutverschmiert. Ohne Federn lässt er sich viel leichter reinigen.

Was fressen Madenhacker?

Sie befreien Großwild, wie Büffel und Nashörner, die in der afrikanischen Savanne weiden, von Zecken und anderen lästigen Parasiten (Schmarotzern). Da sie den Säugetieren von Nutzen sind, werden sie geduldet und können furchtlos auf den großen Tieren herumspazieren und fressen. Mitunter picken sie aber auch in Wunden, die sich dann entzünden, und richten damit mehr Schaden an, als dass sie nutzen.

Was für ein Tier ist der Präriehund?

Der Präriehund gehört zu den Nagetieren und ist mit den Ratten und Mäusen verwandt. Präriehunde bilden große Kolonien, die aus mehreren tausend Tieren bestehen können, und leben in weit verzweigten Erdbauen. Mitunter durchlöchern sie den Boden wie einen Schweizer Käse. Den irreführenden Namen erhielten sie, weil sie spitze, kläffende Rufe ausstoßen.

Welcher Vogel nistet im Bau von Präriehunden?

Die Kanincheneule, eine kleine Eule von höchstens 25 cm Größe, baut ihr Nest im Bau von Präriehunden, nachdem die ursprünglichen Bewohner den Bau verlassen haben. Ein großer Bau wird manchmal sogar von mehreren Eulen gleichzeitig bewohnt. Kanincheneulen haben kräftige Beine und können damit ausgezeichnet graben. Oft erweitern sie die von den Präriehunden angelegten Gänge und legen sich eine spezielle Nisthöhle an.

Präriehunde leben gemeinsam in großen unterirdischen Tunnelsystemen.

Welches große Steppentier ist ein „lebendes Fossil"?

Der Name der Gabelantilope aus Nordamerika ist irreführend, denn sie gehört gar nicht zu den Antilopen. Sie besitzt – anders als die Antilopen – verzweigte Hörner, die sie jedes Jahr abwirft – was Antilopen ebenfalls nicht tun. Genauso wenig gehört sie aber zu den Hirschen. Sie ist vielmehr Mitglied einer altertümlichen Tierfamilie, die vor etwa 10 Millionen Jahren fast vollständig ausgestorben ist, und damit eine Art „lebendes Fossil".

Worin gleichen sich Strauß und Nandu?

Beides sind flugunfähige, schnelle, langbeinige Laufvögel, die in offener Steppe leben – jedoch auf verschiedenen Kontinenten. Der Strauß stammt aus dem südlichen Afrika, während der Nandu in Südamerika heimisch ist. Dass sie einen ähnlichen Lebensraum bewohnen, ist kein Zufall: Wo es keine Bäume gibt, ist Fliegen nur von geringem Nutzen; bei Gefahr laufen die großen Vögel eilig davon.

Wo findet man wilde Hamster?

In den trockenen Steppen Asiens und des Mittleren Ostens. Da in diesen Regionen das Futter oft knapp wird, haben Hamster in ihren Backen Vorratstaschen entwickelt. Wenn sie einen Platz mit reichem Angebot an Pflanzensamen finden, füllen sie sich die Backen und tragen die Körner als Vorrat in ihren Bau.

Was ist eine Boomslang?

Eine Boomslang ist eine Baumschlange, die in der afrikanischen Savanne lebt. Im Gaumen sitzen gefurchte Fangzähne, durch die Gift fließt, wenn sie zubeißt. Die Boomslang lauert ihrer Beute oft mit aufgerichtetem Körper in Bäumen auf. Lässt sich ein Vogel auf dem vermeintlichen Ast nieder, beißt die Schlange zu.

Welcher Steppenbewohner bringt Junge zur Welt, die fast so groß sind wie er selbst?

Die afrikanische Tsetse-Fliege trägt bis zum Schlüpfen ein einziges Ei in ihrem Körper und bringt dann eine dicke, beinlose, weiße Larve zur Welt, die fast so groß ist wie sie selbst.

Der nächste Verwandte der Gabelantilopen ist ein ausgestorbener Vorfahre aus prähistorischen Zeiten.

Können Rinder und Pferde Gras verdauen?

Nur mit fremder Hilfe. Gras besteht wie andere Pflanzen hauptsächlich aus *Zellulose,* einer harten Substanz, die sich sehr schwer verdauen lässt. Nur wenige Tiere sind dazu in der Lage. Der Mensch kann es nicht; daher wird er von Lebensmitteln wie Salat oder Kohl auch nicht dick. Tiere, die Gras fressen, wie Rinder oder Pferde, besitzen in ihrem Verdauungssystem besondere Bakterien, die ihnen behilflich sind. Diese Bakterien verdauen das Gras und wandeln es für die Tiere in wertvolle Nahrung um. Dasselbe trifft auch für alle wild lebenden Steppentiere zu, z. B. Antilopen, Hirsche, Giraffen, Nashörner oder Zebras. Manche Tiere, wie Rinder und Hirsche, tragen die Bakterien im Magen; bei anderen, wie den Zebras und Pferden, leben die Bakterien im Darm.

Wie kam die Pantherschildkröte zu ihrem Namen?

Auf alle Fälle nicht durch Schnelligkeit und grimmiges Aussehen, sondern weil ihr gelbschwarz gesprenkelter Panzer wie ein Pantherfell gemustert ist. Die Pantherschildkröte ist damit in den trockenen Savannen Afrikas bestens getarnt. Sie lebt vegetarisch von Gras, Blättern und Früchten. Allerdings enthält diese Kost wenig Kalzium, das Schildkröten dringend als Härtemittel für ihren Panzer benötigen. Um ausreichend Kalzium zu erhalten, nagen sie daher an alten, trockenen Knochen.

Welcher Wolf hat ungewöhnlich lange Beine?

Der südamerikanische Mähnenwolf besitzt lange Beine und lange Haare, die ihm ein elegantes Aussehen verleihen. Das scheue Nachttier lebt vor allem von Insekten, Kleinsäugern und Früchten.

Welcher Vogel wird zum Gefangenen im eigenen Nest?

Das Weibchen des Nashornvogels. Es mauert sich mit Lehm, den das Männchen sammelt, in seinem Nest ein. Nashornvögel findet man vor allem in den baumbestandenen afrikanischen Savannen. Das Männchen füttert Partnerin und Junge durch einen Schlitz, der in der Lehmwand belassen wurde. Während der Gefangenschaft mausert sich das Weibchen; es hat dann keine Federn. Sie wachsen, bis es aus dem Nest ausbricht, langsam wieder nach. Wenn die Mutter das Nest verlässt, wird es von den Jungen erneut verschlossen. Sie werden nun von beiden Eltern noch so lange gefüttert, bis sie das Nest verlassen können. Als Gefangener in seinem Nest ist der Nashornvogel mitsamt seinen Jungen vor Räubern bestens geschützt.

Nashornvögel

Was haben Flamingo und Blauwal gemeinsam?

Beide Tiere fangen ihre Beute, indem sie sie aus dem Wasser filtern. Beim Blauwal bilden verlängerte Zähne – die Barten – eine Art Sieb. Der Flamingo besitzt einen Seihschnabel, der ähnlich funktioniert. Beide ernähren sich von winzigen Krebstierchen, die im Wasser in großer Zahl vorkommen.

Wie viele Bisons bevölkerten einst die Prärien Nordamerikas?

Niemand weiß genau, wie viele dieser prächtigen Tiere einst auf den nordamerikanischen Prärien weideten – manche Schätzungen liegen bei 30 Millionen, andere gehen sogar vom Doppelten aus. Die weißen Siedler machten im 19. Jahrhundert sinnlos Jagd auf die Tiere, so dass sie fast zum Aussterben gebracht wurden.

Was ist ein Zorilla?

Der Zorilla oder Bandiltis ist ein großer, glänzender und wunderbar schwarz-weiß gemusterter Marder mit einem schönen, buschigen Schwanz. Wie die Stinktiere entwickeln auch Zorillas einen widerwärtigen Geruch, um Feinde abzuschrecken. Sie leben in den Savannen Afrikas und ernähren sich von Kleinsäugern, Eidechsen, Vogeleiern und Insekten.

*Bedrohte Zorillas verströmen
ekelhafte Duftstoffe.*

Wüsten

Sind Kitfuchs und Fennek verwandt?

Obwohl sie mit ihren großen Ohren einander ähneln und auch ähnliche Lebensgewohnheiten haben, sind Kitfuchs und Fennek nicht miteinander verwandt. Der Kitfuchs bewohnt die Wüsten Nordamerikas, der Fennek Wüstengebiete in Nordafrika. Beide schlafen tagsüber in ihrer Höhle und kommen nur nachts hervor, um Nagetiere, Insekten, Vögel und Eidechsen zu jagen. Kitfuchs und Fennek sind ein gutes Beispiel der parallelen Evolution, wonach zwei nicht verwandte Tierarten unter gleichen Bedingungen gleiche Merkmale ausbilden.

Wo nistet der Elfenkauz?

In den Stämmen großer Kakteen. Die winzige Eule lebt in den Wüsten Mexikos und im Süden der USA. Während der Paarungszeit sucht der Elfenkauz nach Löchern in großen Kakteen, in denen er sein Nest bauen kann.

Wo lebt der Dornteufel?

Der Dornteufel ist eine merkwürdige Echse, die sich Feinde durch eine mit großen Stacheln bewehrte Haut vom Leibe hält. Sie lebt in der australischen Wüste.

Wie haben sich die Rennmäuse an das Leben in der Wüste angepasst?

Rennmäuse sind Nagetiere, die in über 100 Arten vorkommen und in trockenen Wüstengebieten in Asien und Afrika leben. Um der Sonnenglut zu entgehen, halten sie sich tagsüber in Höhlen auf. Mit einsetzender Dämmerung beginnt die Suche nach Samen. Rennmäuse kommen mit relativ wenig Futter aus und decken fast ihren gesamten Wasserbedarf über die Nahrung. Den Wasserverlust des Körpers mindern sie sehr wirkungsvoll: Die Nieren scheiden hoch konzentrierten Harn aus; die Nasenknochen sind so gebaut, dass sich daran der Wasserdampf der ausgeatmeten Luft niederschlägt. Sie haben lange Hinterbeine, damit der Körper möglichst weit vom heißen Sand entfernt ist, und die Fußsohlen sind durch dicke Fellpolster geschützt.

Was ist ein Sandfisch?

Der Sandfisch ist eine Echse, die in der arabischen Wüste lebt und sich mit Schwimmbewegungen ähnlich wie ein Fisch durch den Sand wühlt, um dort nach kleinen Insekten zu suchen.

Warum haben Nagetiere, die in der Wüste leben, einen weißen Bauch?

Der weiße Bauch reflektiert die Hitze, die der Sand abstrahlt. Rennmäuse, Wüstenspringmäuse sowie Kängurumäuse besitzen dieses Merkmal.

An den Stacheln bilden sich Tautropfen, die der Dornteufel trinkt.

Welches Tier benutzt seine Augenlider als Sonnenschirm?

In den ausgetrockneten Salzpfannen des Eyre-Sees in Südaustralien steigt die Temperatur, wenn die Sonne ohne Unterlass auf die glänzende, weiße Fläche brennt, mitunter bis auf 60 °C. Dort lebt eine kleine Echse, deren Lider waagerecht hervorstehen und die Augen beschatten wie ein Sonnenschirm.

Gibt es in der Wüste Frösche?

Erstaunlicherweise ja. In vielen Wüstenregionen gibt es Frösche, die die meiste Zeit tief unter der Erdoberfläche in einer Art Schlaf oder Scheintod zubringen. Um die Körperfeuchtigkeit zu bewahren, umgeben sie sich mit einer wasserdichten Hülle oder einem Kokon aus Schlick. Wüstenfrösche erwachen nur, wenn es regnet, aus ihrem Schlaf, um sich zu paaren und zu laichen.

Woher stammen die Wellensittiche?

Wilde Wellensittiche leben in den dünn besiedelten Gebieten Australiens. Dort kann man unter günstigen Voraussetzungen ganze Schwärme dieser hübschen Vögel antreffen. Wellensittiche, die als Haustiere gezüchtet werden, gibt es in vielen verschiedenen Farben. Wilde Wellensittiche dagegen sind fast immer grün.

Warum ist der Goldmull blind?

Der in der südwestafrikanischen Namibwüste lebende Goldmull jagt unterirdisch im Sand und kommt nur selten hervor. Augen sind empfindliche Organe und könnten durch Sand leicht verletzt werden. Da sie unter der Erde sowieso wenig nutzen, gingen sie im Laufe der Entwicklung verloren. Stattdessen hat der Goldmull, wie der Maulwurf, einen hervorragenden Tastsinn und ein sehr feines Wahrnehmungsvermögen für Erschütterungen.

Wie überlebt die Kängurumaus, ohne zu trinken?

Die Nieren dieser amerikanischen Wüstenmaus arbeiten so wirkungsvoll, dass sie nie trinken muss. Sie bezieht alle Flüssigkeit, die sie benötigt, aus den Samen, die sie frisst.

Welche Vögel transportieren in ihrem Gefieder Wasser?

Flughühner leben in den trockenen Steppen- und Wüstenregionen Afrikas und des Mittleren Ostens. Die männlichen Tiere können in besonderen Brustfedern Wasser aufnehmen. Im trockenen Zustand sind die Federn zusammengezogen, werden sie nass, öffnen sie sich, dehnen sich aus und saugen sich dann wie ein Schwamm mit Wasser voll. Auf diese Weise transportieren die Männchen Wasser zu ihren Jungen.

Flughuhn

Inseln

Warum leben auf entlegenen Inseln oft flugunfähige Vögel?

Inseln, die weit draußen im Meer liegen, sind meist durch Vulkane entstanden und waren zunächst nicht von Tieren bevölkert. Die einzigen Tiere, die dort hinfanden, konnten entweder fliegen oder eine lange Seereise auf einem Baumstamm überstehen. Daher gibt es dort keine großen Raubtiere, die den Vögeln nachstellen. Im Laufe der Zeit verloren viele Vögel ihr Flugvermögen, ohne dadurch einen Nachteil zu haben. Viele der flugunfähigen Vögel entwickelten andere Merkmale wie z. B. kraftvolle Beine zum Laufen und Treten.

Skelett des flugunfähigen Riesen-Moa aus Neuseeland, heute ausgestorben.

Wo findet man Fleisch fressende Papageien?

Papageien, die Fleisch fressen, gibt es nur in Neuseeland. Sie heißen Keas, besitzen einen scharfen Hakenschnabel und leben in offenem Gelände. Neuseeland ist die Heimat einer ganzen Zahl von merkwürdigen Vögeln. Obwohl es vor der Küste Australiens liegt, konnte Neuseeland wegen tückischer Meeresströmungen nicht von Säugetieren besiedelt werden, sieht man einmal von den Fledermäusen ab. In Abwesenheit der Säugetiere entwickelten sich ungewöhnliche Vogelarten. So entstanden z. B. flugunfähige Riesenvögel, wie der heute ausgestorbene Moa, aber auch kleine Laufvögel, wie der Kiwi.

Warum ist die Dronte ausgestorben?

Die Dronte war ein flugunfähiger Riesenvogel, der bis vor 200 Jahren auf den Inseln östlich von Madagaskar heimisch war. Weil sie zahm und zutraulich war, fiel sie leicht Seeleuten zum Opfer, die mit dem Fleisch ihren Proviant auffüllten. In der Folge starb die Dronte aus. Zutraulichkeit trifft man bei Inselvögeln oft an, da ihnen räuberische Säugetiere unbekannt waren – bis der Mensch kam.

Wo leben Lemuren?

Nur auf Madagaskar. Lemuren sind eine altertümliche Tierart und mit den Affen verwandt. Sie sind nicht so intelligent wie die Affen und starben fast überall aus, als diese sich entwickelten und in ihre Lebensräume vordrangen. Nur auf Madagaskar konnten die Lemuren überleben, da die Affen diese Insel nie erreichten.

Katta-Lemuren

Der Tenrek ist ein primitives Säugetier, das Insekten frisst.

Wo kann man einen Tenrek treffen?

Der Tenrek ist ein kleines Säugetier, das in 30 verschiedenen Arten ausschließlich auf Madagaskar und den Komoren vorkommt. Manche Arten ähneln Spitzmäusen, andere sehen aus wie Igel. Alle ernähren sich von Insekten, Würmern und anderen wirbellosen Tieren und füllen damit eine Lücke, die sonst von Insektenfressern eingenommen wird. Tenreks sind ziemlich primitive Säugetiere und zeigen noch Merkmale der Reptilien, von denen die Säugetiere abstammen.

Warum waren die Galapagos-Inseln für Charles Darwin so interessant?

Die Galapagos-Inseln liegen im Pazifik weit vor der Küste Südamerikas. Nur wenige Tiere konnten sie erreichen, so dass die Evolution hier einen eigenen Verlauf nahm. Tiere wie die Darwinfinken oder die Galapagos-Schildkröten waren für Darwin Musterbeispiele, an denen sich die Entwicklung der Arten ablesen ließ.

Wie gelangen Tiere auf entlegene Inseln?

Baumstämme, Wurzeln und Geäst treiben bei Hochwasser wie Flöße ins offene Meer. Sie tragen oft eine Vielzahl Passagiere. Mit jedem Tag, den sich die Flöße weiter vom Festland entfernen, werden es weniger. Zuerst gehen die größeren Säugetiere zu Grunde, z. B. Affen, die im Geäst hausen. Sie vertragen die niedrigen Temperaturen nicht. Kriechtiere und Insekten haben dagegen einen niedrigen Energieverbrauch und können so lange verharren, bis das Floß eine Insel erreicht, und sich dort ansiedeln.

Wo gibt es Fliegen so groß wie Schmetterlinge?

In Neuseeland, der Heimat vieler eigenartiger Tiere. Da dort, abgesehen von Fledermäusen, keine einheimischen Säugetiere auftraten, entwickelten sich andere Tiere in ungewöhnlicher Weise. So gibt es z. B. eine Grille, die bis zu 10 cm lang und 80 g schwer werden kann. Sie frisst Blätter und Insekten und nimmt den Platz von Mäusen und Spitzmäusen ein. Über die 5 cm lange, mit großen, schmetterlingsartigen Flügeln ausgestattete Riesenfliege ist noch wenig bekannt.

Warum gibt es in Irland keine Schlangen?

Während der Eiszeit waren große Teile Irlands von Gletschern bedeckt. Die Südküste war zwar eisfrei, aber zu kalt für Schlangen, um zu überleben. Mit dem Ende der Eiszeit wanderten die europäischen Schlangen Richtung Norden. Sie erreichten zwar noch England, bevor es durch den steigenden Meeresspiegel von Frankreich getrennt wurde, kamen jedoch nicht mehr bis Irland.

Wo, außer auf den Galapagos-Inseln, gibt es Riesenschildkröten?

Auf Aldabra im Indischen Ozean. Riesenschildkröten gab es früher auch auf anderen Inseln im Indischen Ozean, doch wurden sie schon vor langer Zeit von Seeleuten ausgerottet.

Tropische Wälder

Gibt es Affen mit fünf Beinen?

Nein. Doch weil der im brasilianischen Küstenwald heimische Spinnenaffe seinen Greifschwanz so geschickt zum Klettern einsetzt, sagt man, er habe ein „fünftes Bein". Der um einen Ast geschlungene Schwanz kann das gesamte Körpergewicht tragen. Der Affe hängt dann kopfüber, schwingt hin und her und angelt mit den Pfoten nach Früchten. Die Schwanzspitze ist an der Unterseite rau und lederartig, was den sicheren Halt beim Greifen gibt.

Der Spinnenaffe schwingt sich mühelos von Ast zu Ast.

Wo wachsen Kaulquappen in einer Pflanze auf?

Im Regenwald am Amazonas gibt es Baumfrösche, die Pflanzen als Kinderstube benutzen. Diese Pflanzen, Bromelien, wachsen hoch oben auf den Bäumen. Ihre kreisförmig angeordneten Blätter bilden eine becherförmige Vertiefung, in der sich das Regenwasser sammeln kann. Die Froscheltern bewachen die Eier entweder auf dem feuchten Waldboden oder tragen sie bis zum Schlüpfen mit sich herum. Zum Schlüpfen transportieren sie die Kaulquappen dann zu den Bromelien.

Welchem Vogel fällt es schwer zu brüten?

Der Quetzal ist ein in Mittelamerika heimischer Vogel mit prächtigem Gefieder. Das Männchen trägt Schwanzfedern, die mit über 60 cm Länge doppelt so lang sind wie der ganze Körper. Die Eier werden in Baumhöhlen gelegt, z. B. in verlassene Spechthöhlen. Das Männchen hilft beim Brüten und kann nur auf den Eiern sitzen, wenn es seine Schwanzfedern nach vorne über den Kopf und aus dem Nestloch hinaushängen lässt. Gegen Ende der Brutzeit sind die Federn ziemlich zerzaust. Sie fallen aus und wachsen in der nächsten Saison nach. Der Quetzal ist der Wappenvogel Guatemalas. Er ist vom Aussterben bedroht, weil er wegen seines prächtigen Gefieders stark gejagt wurde, und steht unter Artenschutz.

Warum hat der Tukan einen so großen, leuchtend gefärbten Schnabel?

Die genauen Gründe dafür sind unbekannt. Der Tukan setzt den langen Schnabel bei der Nahrungssuche wie eine Greifzange ein und erreicht damit weit entfernte Beeren und kleine Tiere. Beim Plündern fremder Nester lässt ihn der riesige, grelle Schnabel außerdem so gefährlich erscheinen, dass Altvögel erst gar nicht versuchen, ihn zu vertreiben.

Gibt es Hunde, die fliegen können?

Nein. Es gibt zwar Flughunde, aber das sind große Fledermäuse, die in der Dämmerung auf die Suche nach Früchten gehen. Sie haben große Augen und eine lange Schnauze wie ein Hund, daher der Name. Beim Fliegen orientieren sie sich mit den Augen und dem Geruchssinn. Flughunde kommen in mehr als 170 Arten auf der Inselwelt des Pazifiks, in Asien, Afrika und Australien vor.

Flughunde sind große Fledermäuse, die von Früchten leben. Die von den langen Fingergliedern aufgespannte Flughaut kann eine Spannweite von 1,5 m erreichen.

111

Wo leuchten nachts die Bäume?

In Teilen Südostasiens, wo die männlichen Glühwürmchen sich auf bestimmten Bäumen versammeln, um mit ihrem Licht Weibchen anzulocken. Das von diesen Männergruppen gemeinsam erzeugte Licht können auch noch sehr weit entfernte Weibchen erkennen.

Dreifinger-Faultier

Was fressen Schimpansen und Gorillas?

Gorillas sind trotz ihrer Größe friedliche Pflanzenfresser. Ihre Nahrung besteht aus Blättern, Rinde und Beeren. Schimpansen ernähren sich abwechslungsreicher. Sie fressen Blätter, Früchte, Insekten, Eier und jagen auch junge Tiere, die sie an den Beinen packen und mit dem Kopf auf den Boden schlagen, um sie zu töten.

Schimpanse

Wo wohnt der „Alte Mann des Waldes"?

Auf Sumatra und Borneo. Es ist der Orang-Utan, dessen Name übersetzt so lautet. Erwachsene Männchen wirken durch ihre Gesichtsfalten und die rostbraunen Fellfransen, die einem Bart gleichen, alt und ehrwürdig.

Orang-Utan

Welches Tier lässt zur Tarnung Algen in seinem Fell wachsen?

Das Dreifinger-Faultier hält sein Fell nicht wie andere Säugetiere peinlich sauber. Bewegungslos hängt es im Geäst des südamerikanischen Regenwaldes. An den nach unten gerichteten Fellhaaren läuft das Regenwasser ab, und in den gefurchten Haaren bilden sich Algen (einzellige Pflanzen). Sie lassen das Fell grünlich schimmern, so dass das Faultier, den Kopf zwischen den Armen geschützt, fast wie ein Moospolster oder eine Flechte wirkt. Mit dieser Tarnung ist es vor Raubtieren bestens geschützt.

Was ist ein Linsang?

Der Linsang ist ein geschmeidiges Raubtier, ähnlich einer schlanken Katze, aber mit kurzen Beinen und spitzer Schnauze. Linsangs gehören zu den Schleichkatzen und leben im Geäst der Tropenwälder. Sie fressen Insekten, junge Vögel und Früchte. Ihr Fell ist außergewöhnlich schön gezeichnet. Der Afrikanische Linsang hat beispielsweise ein gelbliches Fell mit dunklen Flecken. Der Schwanz weist dunkle Ringe auf.

Woher hat die Vogelspinne ihren Namen?

Im Regenwald wachsen einige Tiere, begünstigt durch das feuchte und warme Klima, zu riesiger Größe heran, darunter auch die behaarte Vogelspinne. Sie kann bis zu 25 cm messen und durchaus auch Vögeln gefährlich werden, daher der Name. Für den Menschen ist ihr Biss nicht gefährlicher als ein Bienenstich.

Was ist ein Goliath-Vogelfalter?

Ein riesiger Schmetterling aus den Wäldern Neuguineas, dessen Flügel eine Spannweite von 21 cm erreichen. Das Männchen trägt ein prachtvolles, schwarz und metallisch-grün glänzendes Kleid, das Weibchen ist nur unscheinbar gefärbt. Trotz seines Namens ist dieser Riese nicht der größte Schmetterling. Ein Verwandter, der Queen-Alexandra-Vogelfalter, erreicht eine Spannweite von 28 cm.

Goliath-Vogelfalter

Können Riesengleitflieger fliegen?

Nein, aber sie können perfekt gleiten. Die Riesengleitflieger sind eine rätselhafte Tiergruppe, die mit den Halbaffen und den Insektenfressern verwandt ist. Sie leben in zwei Arten in den Wäldern Südostasiens, werden etwa 40 cm groß und haben lange Gliedmaßen und einen Schwanz. Mit ausgestreckter Flughaut können sie bis zu 135 m weit durch die Baumwipfel gleiten! Obwohl sie gut klettern können, sind sie am Boden nahezu hilflos, weil sie sich zu stark an das Gleiten angepasst haben.

Welches sind die lautesten Tiere in den Wäldern am Amazonas?

Der Schrei der Brüllaffen, die in sechs verschiedenen Arten im süd- und mittelamerikanischen Regenwald leben, ist auch im dichtesten Dschungel noch in einer Entfernung von über drei Kilometern zu hören! Den ohrenbetäubenden Lärm erzeugen sie, indem sie Luft durch den vergrößerten, hohlen Kehlkopf pressen. Männchen sind wegen des größeren Zungenbeins noch lauter als Weibchen.

Wie viele Tierarten leben in den Regenwäldern?

Die Schätzungen schwanken zwischen 2 und über 20 Millionen. Alle Vogel- und Säugetierarten sind vermutlich bekannt, ebenso wie die meisten Reptilien und Amphibien. Aber die Insekten kann man nur schätzen, indem man ermittelt, wie viele Einzelexemplare sich auf jeder Baumart aufhalten. Die Zahl der Baumarten ist bekannt.

Was ist an den Wander- und Treiberameisen ungewöhnlich?

Im Gegensatz zu anderen Ameisen bauen sie kein festes Nest, sondern sind zumeist auf Wanderschaft. Dabei rücken sie in dichten Kolonnen mit einer Geschwindigkeit von bis zu 20 km/h vor. Sie fressen alles und jeden, der sich ihnen in den Weg stellt. Sie übernachten in provisorischen Lagern und bilden mit ihren Körpern ein Biwak, in das die Königin ihre Eier legt. Nach dem Durchzug einer Kolonne kann es Wochen oder Monate dauern, bis sich die Tier- und Pflanzenwelt wieder erholt hat.

Wo gibt es nachtaktive Affen?

Affen sind tagaktiv bis auf eine einzige Art, die im südamerikanischen Regenwald lebt und daher Nachtaffe genannt wird. Im Gegensatz zu anderen Tieren der Nacht kann der kleine Nachtaffe Farben erkennen, sich aber in mondlosen Nächten nur schwer orientieren.

Warum folgen die Ameisenvögel den Kolonnen der Wanderameisen?

Ameisenvögel folgen den Wanderameisen auf ihrem Zug durch den Wald, weil sie auf diese Weise an ihr Futter gelangen. Manche Insekten, wie Schaben oder Spinnen, sind groß oder schnell genug, um den vorrückenden Ameisen zu entkommen. Auf sie wartet der Ameisenvogel, der sich die Beute nur noch zu schnappen braucht.

Eine Kolonne Wanderameisen

Küsten

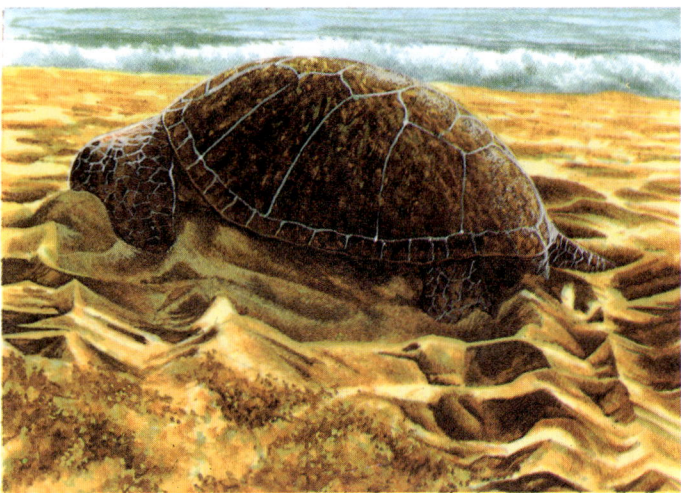

Eine Schildkröte kehrt nach der Eiablage ins Meer zurück.

Was fressen Sandwürmer?

Sandwürmer halten sich die meiste Zeit ihres Lebens in einem U-förmigen Gang auf dem Meeresboden auf. Dort fressen sie an einer der Öffnungen des Ganges Sand und scheiden ihn dann – nachdem alles Verwertbare herausgefiltert wurde – auf der anderen Seite als geringeltes Häufchen wieder aus.

Löffelente, Männchen (rechts) und Weibchen

Wie frisst eine Löffelente?

Die etwa mittelgroße Löffelente lebt in europäischen Sümpfen und Küstengewässern. Man erkennt sie an dem spatelförmigen Seihschnabel, den sie wie einen Löffel benutzt, um winzige Pflanzen und Tiere aus dem Wasser zu filtern. Ihr Nest baut sie im Schilf und entwickelt beim Brüten erstaunliche Ausdauer.

Wo nisten die Dreizehenmöwen?

Die Heimat der Dreizehenmöwen sind der Nordatlantik und der Nordpazifik. Sie verbringen die meiste Zeit über dem Meer, an Land wagen sie sich nur zum Brüten. Dann finden sie sich in riesigen Vogelkolonien zusammen und nisten auf schroffen Klippen oft neben Trottellummen. Dreizehenmöwen bauen aus Gras, Tang und Guano (Vogelkot) kunstvolle Nester, die sie mit Schlick an die Felsen kleben. Die Eltern teilen sich das Brutgeschäft.

Was ist eine Wendeltreppe?

Die Wendeltreppe ist eine wunderschöne Meeresschnecke, die manchmal am Strand angespült wird. Ihren Namen verdankt sie der gedrehten Form des Schneckenhauses.

Woran erkennt die Suppenschildkröte ihr Geburtsgewässer?

Suppenschildkröten verbringen fast ihr gesamtes Leben im Meer, wo sie sich von Tang und Seegras ernähren, das sie mit scharfkantigen Kiefern abbeißen. Dazu können sie über eine halbe Stunde unter Wasser bleiben. Zur Eiablage schwimmen sie bis zu 1600 km zurück an den Strand, an dem sie selbst einst geboren wurden. Ihr Geburtsgewässer erkennen sie am Geschmack wieder. Im Schutz der Dunkelheit legen sie etwa 100 Eier in den Sand, aus dem nach etwa drei Monaten die Jungen schlüpfen. Auf dem Weg ins Meer werden viele Jungtiere das Opfer von Meeresvögeln.

Was ist ein Sterngucker?

Der Sterngucker ist ein Fisch, der aus großen, aufwärts gerichteten Augen in den Himmel zu starren scheint. Da die Augen oben am Kopf liegen, kann sich der Sterngucker ganz im sandigen Meeresboden eingraben. Gut getarnt lauert er kleineren Fischen auf und lähmt sie durch einen leichten Elektroschock. Dafür hat er spezielle Organe, die dicht hinter den Augen liegen.

Was ist ein Scherenschnabel?

Der Scherenschnabel ist ein Vogel, der auf ungewöhnliche Weise Fische fängt. Die untere Schnabelhälfte ist weit länger als die obere. Zum Fischen fliegt er mit geöffnetem Schnabel knapp über der Wasserfläche und teilt mit der unteren Schnabelhälfte die Fluten. Sobald er einen Fisch spürt, wird der Schnabel einfach zugeklappt.

Welches ist das einzige bekannte Meeresinsekt?

Die einzigen Insekten, die Kontakt mit dem Meer haben, sind Springschwänze. Allerdings leben sie nicht direkt im Meer, sondern in Felsmulden oder kleinen Gezeitentümpeln. Ihr Körper ist mit einer Unmasse feiner Härchen bedeckt und dadurch von einer Lufthülle umgeben. Werden die Springschwänze von der Flut weggespült, können sie mit Hilfe dieses eingeschlossenen Luftvorrates bis zu fünf Tage überleben.

Wie überleben Basstölpel Kopfsprünge aus 30 m Höhe?

Basstölpel sind Meeresvögel, die im Nordatlantik nach Fischen tauchen. Sie legen in 30 m Höhe oder mehr die schmalen Flügel eng an den Körper, stürzen hinab und tauchen tief ins Wasser ein. Die Stromlinienform, der harte Schädel und Luftpolster unter der Haut verhindern, dass die Tiere sich beim Aufprall auf das Wasser verletzen.

Ist der Seehase ein Säugetier?

Nein, er gehört zu den Schnecken und wird maximal 20 cm groß. Die meist braune Färbung und die beiden langen Fühler am Kopf, die ein wenig an Hasenohren erinnern, gaben ihm seinen Namen. Seehasen leben zwischen Tang und Algen in flachen Küstengewässern.

Was ist am Schlammspringer ungewöhnlich?

Dieser sonderbare kleine Fisch lebt in tropischen Küstengewässern und Mangrovensümpfen. Bei Ebbe bleiben die Schlammspringer auf dem trockenen Schlick zurück, um dort kleine Beutetiere zu jagen. Sie können recht gut hüpfen und sogar Mangrovenwurzeln erklimmen. Dabei benutzen sie ihre Brustflossen als Beinersatz, um sich fortzubewegen.

Trinken Delfine Salzwasser?

Ja, denn ihre Nieren können das Salz sehr gut herausfiltern und im Urin konzentrieren. Der Genuss von Salzwasser führt daher bei Delfinen nicht, wie beim Menschen, zum Tode.

Wo lebt das Petermännchen?

Das Petermännchen ist ein Fisch, der in flachen Küstengewässern halb vergraben im Sand auf Beute lauert.

Wie kam der Krummschnabel zu seinem Namen?

Krummschnäbel haben einen seltsam nach einer Seite gekrümmten Schnabel, mit dem sie am Strand nach Nahrung suchen. Mit dem dazu bestens geeigneten Schnabel drehen sie geschickt kleine Steine um und holen die darunter versteckten kleinen Tiere hervor.

Ein farbenprächtiger Seehase

Warum atmet die Pfeffermuschel durch lange Röhren?

Die Pfeffermuschel gräbt sich, wie viele andere Muscheln, im Sand ein. Dort gibt es allerdings nur wenig Sauerstoff. Daher besitzt sie zwei lange Röhren, die bis zum Meeresboden hinauf reichen. Durch eine der Röhren wird Wasser eingesaugt, um daraus Nahrungspartikel und Sauerstoff herauszufiltern. Die andere Röhre befördert das „Abwasser" wieder zurück an die Oberfläche.

Ozeane

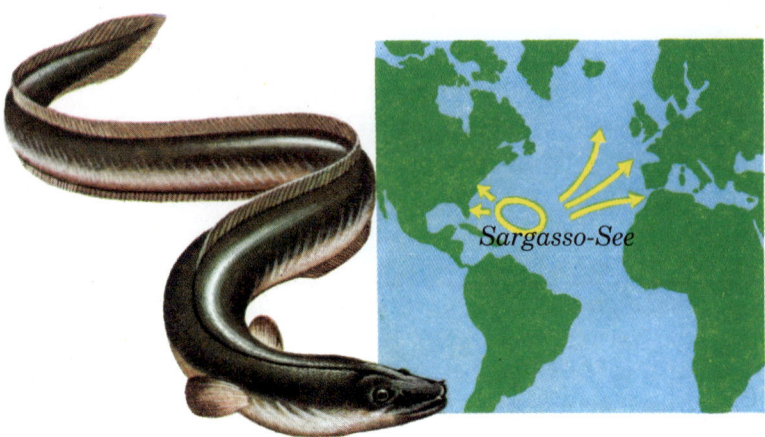

Aale laichen im Atlantik. Die Jungtiere kehren nach Europa und Amerika zurück.

Wo leben Plattfische?

Plattfische leben am sandigen Meeresgrund, wo sie mit ihrem flachen Körper und dem Tüpfelmuster an der Oberseite bestens getarnt sind.

Was für ein Tier ist der Heilbutt?

Der weiße Heilbutt ist der größte Plattfisch der Welt und ein beliebter Speisefisch. Er kann bis zu 300 kg schwer werden und geht im offenen Nordatlantik auf die Jagd. Leider ist er durch Überfischung selten geworden.

Wovon ernähren sich Lederschildkröten?

Lederschildkröten unterscheiden sich von den übrigen Schildkröten dadurch, dass ihr Panzer nicht aus Hornplatten, sondern aus einer glatten, lederartigen Haut besteht. Der weiche Panzer ist eine Folge der mangelhaften Kalziumversorgung, denn sie ernähren sich von Quallen, die es in den Meeren der Tropen im Überfluss gibt. Unter den Lederschildkröten findet man die größten, heute lebenden Schildkröten mit bis zu 2,5 m langen Vorderbeinen und einem Gewicht von einer halben Tonne.

Welches Tier schwimmt Tausende von Kilometern, um in der Sargasso-See zu laichen?

Die Flussaale aus Europa und Nordamerika wandern mit erstaunlicher Ausdauer zunächst vom ihrem angestammten Süßwasserfluss ins salzige Meerwasser und schwimmen dann über 5000 km weit in die Sargasso-See. Das ist ein etwa 8 Millionen km^2 großes Meeresgebiet im Atlantischen Ozean. Die Aale haben diese Stelle nie zuvor besucht und finden rein instinktmäßig dorthin. Aus den im Tang abgelegten Eiern schlüpfen winzige Larven, die langsam zu den Flüssen in Europa und Nordamerika zurücktreiben – bei europäischen Aalen dauert die Reise drei Jahre. Die Altaale sterben nach dem Ablaichen.

Wie sieht die Kinderstube der Katzenhaie aus?

Fast alle Katzenhaie legen flache, rechteckige Eier mit fester Hülle und spiralförmigen Fortsätzen an den Ecken. Diese Fortsätze winden sich um Wasserpflanzen und halten das Ei im flachen Wasser fest. Das Ei enthält einen großen Dotter, von dem sich der kleine Fisch bis zum Schlüpfen 8–9 Monate lang ernährt. Die leeren Eihüllen werden häufig an den Strand gespült.

Eine Schildkröte kriecht aus dem Ei und macht sich auf den gefährlichen Weg ins Meer.

Warum leben die größten wirbellosen Tiere im Meer?

Das größte wirbellose Tier ist der Riesenkrake. Bekannt wurde ein Exemplar von 21 m Länge – möglicherweise werden sie aber noch größer. Wirbellose Tiere an Land werden nicht so groß, da Luft einen Körper weniger gut trägt als Wasser. Es ist daher auch kein Zufall, dass das größte Wirbeltier, der Blauwal, ebenfalls im Meer lebt.

Greift der Mörderwal Menschen an?

Nein, dieser riesige Räuber greift zwar auch Tiere an, die bedeutend größer sind als er, aber es ist kein Fall bekannt, in dem Menschen Ziel seines Angriffs waren.

Mörderwal

Welche Tiere haben Kiemen und wozu?

Kiemen sind feine, büschelförmige Organe, die dem Wasser Sauerstoff entziehen können. Fische und viele andere Wasserbewohner sind auf Kiemen angewiesen, so z. B. Weichtiere wie die Muscheln und Tintenfische, aber auch Garnelen, Seeigel oder Kaulquappen. Bei manchen Tieren sind die Kiemen äußerlich sichtbar, meistens sind sie aber in einer Wasser durchlässigen Kammer verborgen.

Können Tintenfische hören?

Einie Tintenfischarten haben ein nur sehr schwach entwickeltes Hörvermögen. Es wird noch zusätzlich beschädigt durch die sehr lauten niederfrequenten Töne, die die Delfine ausstoßen, um die Tintenfische zu jagen. Die Tintenfische werden dadurch kurzfristig betäubt und fallen dem Delfin zum Opfer, bevor sie sich in Sicherheit bringen können. Andere Tintenfischarten, denen jegliche Hörorgane fehlen, sind vor den Delfinen besser geschützt. Ihre anderen Sinnesorgane, besonders die Augen, sind weiter entwickelt und gleichen das fehlende Gehör aus.

Tintenfisch

Welches Tier wächst am langsamsten?

Eine Tiefseemuschel wird in ihrem Leben nur etwa acht Millimeter groß, benötigt aber mehr als 90 Jahre, um diese Größe zu erreichen.

Welche Fische jagen mit Hilfe von Bakterien?

Die Laternenfische, die in der dunklen Tiefsee leben, tragen unter jedem Auge einen großen, runden Sack, von dem ein heller Lichtschein ausgeht – daher stammt auch ihr Name. Laternenfische erzeugen das Licht jedoch nicht selbst. Jeder Sack enthält Millionen von Bakterien, die das Wasser davor zum Leuchten bringen. Als Gegenleistung werden sie vom Fisch mit Nahrung versorgt. Laternenfische benutzen ihre Lichtquelle wie einen Köder, denn sie lockt neugierige Fische an, die dann im Schein des Lichtes ausgewählt und gefressen werden.

Was ist Plankton?

Plankton besteht aus einer Vielzahl verschiedener, mikroskopisch kleiner Lebewesen, die im Meerwasser treiben. Zum einen sind es winzige, einzellige Pflanzen, die ihre Nahrung mit Hilfe des Sonnenlichtes herstellen. Zum anderen sind es winzige Tiere, die sich von diesen Pflanzen ernähren. Die Pflanzen werden auch *Phytoplankton*, die Tiere *Zooplankton* genannt. Das Phytoplankton ist sozusagen Wald und Weide des Meeres – es liefert wichtige Nahrung, die die Meerestiere am Leben erhält. Obwohl man die meisten mikroskopisch kleinen Lebewesen nicht sehen kann, sind sie die wichtigsten Bewohner der Ozeane.

Wohin legen Seeschlangen ihre Eier?

Seeschlangen legen keine Eier; das Weibchen trägt sie bis zum Schlüpfen der Jungtiere im Körper. Das Meer ist ein gefährlicher Ort für Eier. Es gibt kaum Stellen, an denen man sie verstecken kann, dafür aber viele hungrige Mäuler, die nur darauf warten, die Eier zu verspeisen. Meerestiere lösen das Problem auf zweierlei Weise. Entweder setzen sie Millionen von Eiern frei und verlassen sich darauf, dass einige Jungtiere überleben werden, oder sie tragen die Eier im Körper, wie die Seeschlangen und einige Fische.

Wie kommt der Wellenläufer zu seinem Namen?

Der Wellenläufer ernährt sich von kleinen Fischen und Tintenfischen, die er an der Wasseroberfläche fängt. Dabei fliegt er knapp über dem Wasser und „plantscht" mit den Krallen hinein, so als ob er auf dem Wasser laufen wollte. Diese Verhaltensweise brachte ihm den Namen „Wellenläufer" ein.

Welche Schnecke treibt mit einem Floß im Meer?

Die blau und violett gefärbte Veilchen- oder Floßschnecke (*Janthina*) produziert einen klebrigen Schleim, den sie mit Luft zu einem Floß aufbläht. An diesem selbst gefertigten Floß aus Schleimblasen hängt sie kopfüber, knapp unter der Wasseroberfläche, lässt sich vom Wind treiben und ernährt sich von kleinen Lebewesen, die sie unterwegs erbeuten kann, etwa Segelquallen. Auf diese Weise legt sie oft sehr große Strecken zurück. Leere Gehäuse der Floßschnecke kann man manchmal am Strand finden.

Blauwal mit Jungem

Welches Tier wächst am schnellsten?

Das Blauwalbaby. Vom befruchteten Ei, das so klein ist, dass man es mit bloßem Auge nicht erkennen kann, wächst es bis zur Geburt (etwa 11 oder 12 Monate später) auf 3 Tonnen Gewicht heran und wiegt an seinem ersten Geburtstag bereits 25 Tonnen. Die ersten sechs oder sieben Monate seines Lebens wird es von der Mutter mit fetter, nahrhafter Milch ernährt.

Kann die Mördermuschel einen Taucher am Bein packen und ertränken?

Nein, das ist ein weit verbreitetes Märchen. Wie die meisten Schalenweichtiere sind Mördermuscheln sehr langsame Geschöpfe. Nur ihre Schalen schließen sich schnell. Daher müsste man schon tief schlafen, um von der Muschel am Bein gepackt zu werden.

Wo können wir einen Papageifisch finden?

In Korallenriffen. Die Zähne der Papageifische sind zu einem harten papageiähnlichen „Schnabel" verschmolzen, daher der Name. Mit dem „Schnabel" beißen sie kleine Stücke von den Korallenriffen ab. Weitere Zähne im Rachen zermahlen die Korallen. Das krachende Kaugeräusch ist mehrere Meter weit hörbar. Anschließend wird der weiche lebende Teil der Koralle verdaut.

Papageifisch mit deutlich sichtbarem „Schnabel"

Flüsse

Nordamerikanischer Schlammteufel

Was ist ein Schlammteufel?

Schlammteufel sind mit den Salamandern verwandte nordamerikanische Amphibien. Im Gegensatz zu anderen Amphibien verbringen sie ihr ganzes Leben im Wasser und kommen nicht an Land. Daher blieben ihnen auch äußere Kiemen erhalten, mit denen sie Sauerstoff aus dem Wasser aufnehmen. Die meisten Amphibienarten verlieren die Kiemen während des Kaulquappenstadiums.

Wo findet man rosa Delfine?

Im Amazonas. Flussdelfine sind in der Regel grau oder braun, der Amazonasdelfin allerdings ist an der Unterseite hellrosa und am Rücken hellgrau. Da das Wasser, in dem Flussdelfine leben, durch Schlamm stark getrübt ist, verfügen sie nur über eine geringe Sehkraft. Sie orientieren sich mit Hilfe der Echoortung.

Welches ist der größte Süßwasserfisch?

Der Königsfisch, der im Mekong in Südostasien lebt. Das seltene und schwer auffindbare Tier kann bis zu drei Meter lang werden.

Welches Tier trägt seine Jungen in einem wasserdichten Beutel?

Der Schwimmbeutler aus Mittel- und Südamerika. Er ist das einzige Beuteltier, das sich an ein Leben im Wasser angepasst hat. Durch einen kräftigen Schließmuskel kann die Beutelöffnung wasserdicht verschlossen werden. Der Schwimmbeutler trägt bis zu fünf Junge mit sich, wenn er in Flüssen Jagd auf Fische und Krebstiere macht.

Königsfisch

Welche Ente kann sich in tosenden Sturzbächen halten?

Die südamerikanische Sturzbachente ist in den tosenden Gebirgsbächen der Anden zu Hause ist. Das Wasser schießt über steile Gefällstrecken, so dass die Ente ständig in Gefahr ist, weggespült zu werden. Um unter diesen Bedingungen überleben zu können, hat die Natur sie an den Zehen mit scharfen Krallen zum Festhalten am felsigen Grund und mit einem steifen Schwanz zum Abstützen ausgestattet. Die Sturzbachente ist ein hervorragender Schwimmer und hält sich auf der Stelle, indem sie ständig gegen die Strömung anschwimmt. Der Vorteil einer solchen Lebensweise ist das Fehlen anderer Wasservögel, da diese mit den harten Bedingungen nicht zurechtkommen. Wenig oder keine Konkurrenz ist für die Sturzbachente aber gleichbedeutend mit viel Futter.

Können Wasseramseln schwimmen?

Obwohl Wasseramseln ihr Leben an Bächen und Flüssen verbringen, zeigen sie keine Merkmale einer Anpassung an das Leben im Wasser, wie z. B. Schwimmhäute. Charles Darwin bemerkte dazu, dass er eine Wasseramsel niemals für einen Wasservogel gehalten hätte, wenn er das Tier außerhalb seines Lebensraumes gesehen hätte. Die Wasseramsel lauert auf Felsen in flachen, langsam fließenden Gewässern. Erspäht sie Beute im Wasser, stürzt sie sich darauf und läuft dann flügelschlagend im Bachbett vorwärts. Das deutet darauf hin, dass sich die Wasseramsel erst vor kurzem aus einem Landvogel entwickelt hat. Noch ist nicht genug Zeit vergangen, um durch natürliche Selektion mit der Lebensform auch den Körper zu verändern.

Die Wasseramsel ist an ihr Leben im Wasser noch nicht angepasst.

Warum sind die Fische in einem See auf Schnecken angewiesen?

Ein gesunder See ist eine Gemeinschaft von Pflanzen und Tieren, die zueinander in einem natürlichen Gleichgewicht stehen. Wird das Gleichgewicht gestört, kann die ganze Gemeinschaft gefährdet sein. Die Süßwasserschnecken halten den Pflanzenwuchs im See unter Kontrolle und sorgen damit für ein Gleichgewicht der Gase im Wasser.

Flusskrebs

Flusskrebse werden über 10 cm lang.

Wo lebt der Flusskrebs?

Flusskrebse leben in den Seen, Flüssen, Bächen und Sümpfen Europas, also im Süßwasser. Man kennt über 500 verschiedene Arten. Flusskrebse sind die kleinen Verwandten des Hummers, der im salzhaltigen Meerwasser zu Hause ist. Da sie zur Festigung ihres Außenskeletts viel Kalzium brauchen, findet man sie vor allem in kalkreichen Gewässern. Sie sind wie ihre Verwandten im Meer nur in der Nacht aktiv und machen dann Jagd auf Insektenlarven, Schnecken und Kaulquappen.

Teiche und Sümpfe

Was ist ein Hammerkopf?

Der Hammerkopf ist ein afrikanischer Sumpfvogel, dessen Kopf von der Seite an einen Hammer erinnert. Der braune Vogel mit dem langen Schnabel und dem zurückgebogenen Kamm ist vor allem wegen der riesigen Nester bekannt, die er hoch in den Bäumen baut. Die etwas unordentlichen Gebilde aus Ästen und Schlamm haben einen Durchmesser von bis zu zwei Metern und werden oft auch von anderen Tieren benutzt. Der Hammerkopf ist meist in der Dämmerung aktiv und frisst Amphibien, Fische, Insekten und Schalentiere.

Kann der Raubwels laufen?

Ja, er kann sich an Land fortbewegen, indem er die Vorderflossen wie „Beine" benutzt. Der Fisch ist jedoch nicht in der Lage, wie ein Landtier beim Laufen den Bauch vom Boden zu lösen. Der Raubwels lebt in kleinen Tümpeln, die von Zeit zu Zeit austrocknen. Tritt dieser Fall ein, muss er sich unverzüglich auf die Suche nach einem neuen Teich begeben. Um sich vor dem Austrocknen zu schützen, hüllt er sich in einen dicken Schleimmantel. Neben Kiemen besitzt er außerdem kleine Luftsäcke, die wie Lungen funktionieren.

Welche Vögel haben Federn, mit denen sie sich pudern?

Den Reihern und ihren Verwandten wachsen an einigen Stellen der Brust so genannte „Puderdunen", die zu Puder zerfallen. Wenn sich die Vögel nach einer Mahlzeit putzen, verteilen sie den Puder auf andere Federn. Der feine Puder bindet das Fett der Beutefische und erleichtert so die Reinigung des Gefieders.

Was ist ein Wasserläufer?

Der Wasserläufer, auch Wasserschneider genannt, ist ein schlankes Insekt mit spindelförmigem Körper, das Flüsse und Seen bewohnt. Es ist so leicht, dass es auf der Wasseroberfläche laufen kann, ohne einzusinken. Es ernährt sich von Insekten, die auf dem Wasser treiben. Der Wasserläufer spürt die Wellen, die das Insekt verursacht, läuft hinzu und ergreift mit den Vorderbeinen die Beute. Wasserläufer sind weltweit verbreitet.

Wohin legt der Gelbrandkäfer seine Eier?

In die Blattstiele von Wasserlilien. Die Weibchen haben einen spitzen Ovipositor (eine Legeröhre zur Eiablage), mit dem sie die Pflanzenstiele durchbohren. Innerhalb weniger Tage schlüpfen lange, dünne Larven, die die Stängel verlassen und am Gewässerboden umherkriechen. Die Larven wachsen rasch und können eine Länge von 6 cm erreichen. Sie ähneln langbeinigen Ohrwürmern und sind gefräßige Räuber, deren Hauptnahrung zwar aus kleinen wirbellosen Tieren besteht, die aber auch vor Kaulquappen und kleinen Fisch nicht zurückschrecken.

Woher hat der Spiegelkarpfen seinen Namen?

Karpfen sind gedrungene Süßwasserfische, die vor allem in Seen und langsam fließenden Gewässern vorkommen. Sie tragen an den Mundwinkeln vier Tasthaare, mit denen sie in trübem Wasser und Schlamm nach Nahrung suchen: Tiere und kleine Pflanzen. Karpfen werden seit der Antike gezüchtet. Der Spiegelkarpfen verdankt seinen Namen einer zusätzlichen Reihe aus großen, glänzenden Schuppen. Der Goldkarpfen ist orange gefärbt. Karpfen können bis zu 40 Jahre alt werden.

Warum hat das Flusspferd die Augen oben am Kopf?

Flusspferde müssen die meiste Zeit des Tages im Wasser verbringen, in der Sonne würde ihre dünne Haut die Feuchtigkeit zu schnell verlieren. Damit das Flusspferd möglichst tief ins Wasser eintauchen kann, sitzen die Augen und auch die Nasenlöcher weit oben am Kopf. So kann es sich bequem suhlen – nur die Augen, Ohren und Nasenlöcher schauen aus dem Wasser heraus. Erst am Abend, wenn die Sonne untergegangen ist, kommt das Flusspferd an Land, um Gras und andere Pflanzen abzuweiden. Dabei unternimmt es bis zu 3 Kilometer weite Wanderungen.

Welcher Wasservogel trägt seine Jungen auf dem Rücken?

Dafür ist der Haubentaucher bekannt. Die Küken kriechen den Eltern ins Rückengefieder und unter die Flügel und lassen sich von ihnen befördern. Auf diese Weise können Mutter und Kinder schneller fliehen. Andernfalls wären die langsam schwimmenden Jungen für jeden Räuber eine leichte Beute.

Der Glockenreiher breitet seine Flügel aus, um die Wasseroberfläche beim Fischen zu beschatten.

Welcher Vogel beschattet das Wasser beim Jagen mit seinen Flügeln?

Um zu fischen, senkt der afrikanische Glockenreiher den Kopf und fächert beide Flügel so auf, dass sie einen fast kreisrunden Schatten werfen. Möglicherweise werden die Fische ins schattige Wasser gelockt; vielleicht sind sie so auch einfach nur besser zu sehen.

Was frisst der Schneckenweih?

Der Schneckenweih ist der Feinschmecker unter den Raubvögeln. Er frisst nur Süßwasserschnecken einer bestimmten Art, wobei er das Gehäuse mit der Kralle greift. Dann trägt er es an Land und wartet, auf einem Bein stehend, darauf, dass die Schnecke den Kopf hervorstreckt, um sie zu verspeisen.

Welche Vögel haben einen Ruf, der wie ein Nebelhorn klingt?

Rohrdommeln leben verborgen im Röhricht und Schilf oder anderen Uferpflanzen, in denen sie gut getarnt sind. Beim geringsten Geräusch verharren sie still mit nach oben gerecktem Hals. Gelegentlich ist ihr Ruf zu hören, ohne dass man die Tiere selbst zu Gesicht bekommt. Zu Beginn der Paarungszeit wird die Luftröhre der Männchen groß und elastisch. Dadurch lässt sie sich aufblähen, was den Ruf so laut und volltönend macht. Ihre Rufe sind dann noch in einer Entfernung von 5 km zu hören.

Welche Tiere stehlen Sauerstoff?

Manche Fliegenlarven verbringen die erste Zeit ihres Lebens in Teichen. Den nötigen Sauerstoff entnehmen sie mit einem spitzen Saugrohr den Luftkammern der Blätter von Wasserpflanzen.

Welche Gemeinsamkeit haben Wasserläufer und Rückenschwimmer?

Beide ernähren sich von anderen Insekten, die zufällig ins Wasser gefallen und ertrunken sind. Sie saugen die winzigen Leichen, die auf der Wasseroberfläche treiben, mit Hilfe scharfer Mundwerkzeuge aus. Der Unterschied zwischen beiden Tieren besteht darin, dass Wasserläufer auf dem Wasser leben, Rückenschwimmer hingegen unter Wasser, wo sie mit kräftigen Beinen umherrudern. Wasserläufer und Rückenschwimmer sind Nahrungskonkurrenten – die hitzigen Kämpfe gewinnt in der Regel der sehr viel aggressivere Rückenschwimmer. Wird das Nahrungsangebot insgesamt zu knapp, können beide Insekten ein anderes Gewässer anfliegen.

Welche Teichbewohner atmen durch Schnorchel?

Kleine Atemröhren, die aus dem Wasser ragen, sind eine der Möglichkeiten, mit denen Teichbewohner, wie z.B. Stechmückenlarven oder Larven von Wasserskorpionen, die Versorgung mit Sauerstoff sicherstellen.

Wie jagt der Schlangenhalsvogel?

Der in Afrika, Asien, Mittel- und Südamerika lebende Vogel besitzt einen langen, schlangenartigen Hals. Er jagt unter Wasser, indem er den Kopf vorschleudert und die Fische mit dem dolchartigen Schnabel aufspießt. Beim Schwimmen liegen die Vögel oft tief im Wasser, so dass nur Kopf und Hals zu sehen sind – wie bei einer Schlange.

Warum gründeln manche Enten?

Enten nutzen bei der Suche nach Futter verschiedene Techniken. Tauchenten tauchen zum tiefen Grund hinab, wühlen nach Pflanzen, Larven und Weichtieren und kommen nach einiger Zeit wieder an die Oberfläche. Schwimmenten bevorzugen die flache Uferzone, wo sie zwar auch kopfüber eintauchen, dabei bleibt aber die Schwanzwurzel (der Bürzel) über Wasser: Sie gründeln nach Nahrung.

Eine Brandente beim Gründeln

Woher hat der Taumelkäfer seinen Namen?

Weil er auf ruhigen Gewässern in völlig unregelmäßigen Spiralen und Kurven umhertaumelt. Niemand weiß, warum er sich so sonderbar verhält. Mitunter wird vermutet, dass die dabei erzeugten Wellen wie die Schallwellen von Fledermäusen bei der Echoortung wirken, dass also der Käfer die von einem Hindernis zurückgeworfenen Wellen wahrnimmt. Das ist jedoch eher unwahrscheinlich, da die Käfer immer in Gruppen auftreten und dann eine verwirrende Anzahl von Wellen erzeugen. Beobachtungen lassen vermuten, dass die Käfer durch das Umhertaumeln Räubern zu entkommen oder sie vom Angriff abzuhalten versuchen.

Welche Motte verbringt ihr ganzes Leben unter Wasser?

Das Weibchen der Wassermotte. Das flügellose Tier lebt im Wasser und kommt nur zur Paarung an die Oberfläche. Das Männchen, das einer gewöhnlichen Motte gleicht, fliegt zum Weibchen auf die Wasseroberfläche und trägt es während der Paarung in der Luft, meist paaren sie sich aber auf der Wasserfläche. Die Weibchen legen ihre Eier an Wasserpflanzen ab. Mitunter schlüpfen daraus beflügelte Weibchen, die dann neue Teiche und Seen anfliegen und besiedeln.

Warum tanzen Kraniche?

Im Frühling kann man mit etwas Glück die formvollendeten Tänze der Kraniche beobachten. Sie dienen dazu, den richtigen Paarungspartner zu finden. Die großen Vögel verneigen sich voreinander, tanzen, hüpfen und laufen dann scheinbar ziellos wieder auseinander. Kraniche bewohnen Moor- und Sumpflandschaften. Da diese mehr und mehr für landwirtschaftliche Zwecke trockengelegt werden, gibt es in Deutschland nur noch sehr wenige Kraniche.

Kranich

Ungewöhnliche Lebensräume

Welches Tier lebt auf Ölteichen?

Eine kleine Fliege, die in Gebieten Nordamerikas zu finden ist, in denen Erdöl aus dem Boden sprudelt. Sie lebt von Insekten, die zufällig in das Öl fallen und sich nicht mehr befreien können.

Welche Tiere bohren harten Fels an?

Dazu sind erstaunlicherweise einige Schalentiere in der Lage, wie die Bohrmuschel, der Felsenbohrer oder die Steindattel. Diese Weichtiere haben z.T. scharfe Schalenränder, mit denen sie den Stein wie mit einer Säge durch Vor- und Rückwärtsbewegungen abraspeln können. Auf diese Weise bohren sie sich nach und nach einen Weg durch weiches Gestein, beispielsweise Kalk- oder Sandstein.

Welche Tiere nutzen für ihre Nahrung die Wärme aus dem Erdinnern?

Tiere, die in den Heißwasserschloten am Grund der Tiefsee leben. Diese Schlote findet man überall dort, wo der flüssige Erdkern bis nah an die Erdoberfläche reicht. Das Meerwasser dringt in die Schlote ein, erhitzt sich und schießt wieder empor. Obwohl das Wasser außerordentlich heiß ist, leben darin verschiedene Bakterien, die die Energie der in diesem Wasser reichlich gelösten Mineralien in Nährstoffe umsetzen können. Alle anderen Tiere in der Umgebung der Schlote, wie Bartwürmer, bestimmte Muscheln und Krebse, sind auf die Bakterien als Nahrung angewiesen.

Welches Tier lebt im Bambuswald?

Im westchinesischen Hochland gibt es entlegene Bambuswälder, in denen der Große Panda zu Hause ist. Das schöne schwarz und weiß gezeichnete Tier ernährt sich fast ausschließlich von Bambus. Doch weil die Wälder immer mehr gerodet werden, finden die Tiere nur noch in wenigen Gebieten genug Nahrung. In freier Wildbahn gibt es nur noch etwa 1500 Tiere. Das vom Aussterben bedrohte Tier ist das Wappentier des World Wildlife Fund. Zwar lassen sich Große Pandas im Zoo halten, pflanzen sich dort aber nur selten fort.

Welche Fische sind vollkommen blind?

Die Blindfische. Sie bewohnen unterirdische Höhlengewässer, in die das Licht nicht vordringen kann. Die fehlenden Sehorgane sind durch andere, entsprechend gut entwickelte Sinne ersetzt. So verfügen sie z. B. wie die Fledermäuse über Echoortung. Wenn sie sich im Wasser bewegen, erzeugen die Blindfische Schwingungen, die von Hindernissen in der Umgebung zurückgeworfen werden. Diese Schwingungen können die Tiere wahrnehmen und so die Beute orten.

Leben Bücherläuse wirklich in Büchern?

Ja. Dieses winzige Insekt ernährt sich vom Leim, der früher zum Binden der Bücher verwendet wurde. Die heute gebräuchlichen Klebstoffe sind vielfach nicht genießbar, aber Bücherläuse sind keine Feinschmecker. Sie mögen auch die Krümel, die vom Tisch zu Boden fallen, und können sich in jedem Winkel des Hauses verstecken.

Welche Affen halten sich in heißem Wasser warm?

Affen leben gewöhnlich in warmen Regionen, nicht so die Japanmakaken. Sie wagen sich von allen Affen am weitesten nach Norden vor und leben in Japan, wo die Temperatur im Winter oft unter den Gefrierpunkt fällt. Zwar haben sie ein außergewöhnlich dichtes Fell, das sie warm hält. Doch wenn es besonders kalt wird, tauchen die Tiere manchmal bis zum Hals in warme vulkanische Quellen, um sich zu wärmen.

Was ist ein Kopje und welche Tiere leben dort?

Ein Kopje ist ein Felsenberg in der afrikanischen Savanne. Diese steil aufragenden Berge aus Granitgestein sind mit einer Höhe von bis zu 30 m so groß, dass sie abgeschlossenen Lebensgemeinschaften Raum bieten. Es wachsen dort Büsche und Bäume, die Insekten, Dikdiks (Zwergantilopen), Pavianfamilien und dem Kapklippschliefer (einem Säugetier) Nahrung liefern. Von den Insekten wiederum ernähren sich Eidechsen und von den Klippschliefern verschiedene Raubvögel. Eine Falkenart mit besonders langen Beinen hat sich auf die Eidechsen spezialisiert, die in den Felsspalten sitzen. Der Falke gelangt an die Tiere, indem er sich auf die Seite legt, die Flügel nach hinten hält, die Beine ausstreckt und mit den Krallen in die engen Spalten greift, um die Tiere zu packen.

Kopjen in der afrikanischen Savanne

Welche Vögel nutzen die Echoortung zur Orientierung im Dunkeln?

Über Echoortung verfügen einige Höhlenbrüter, wie der in der Karibik und Südamerika heimische Fettschwalm oder die südostasiatischen Salanganen. Der Fettschwalm ist unter den Vögeln der einzige nachtaktive Fruchtfresser. Salanganen ernähren sich von Insekten. Beide Vogelarten verwenden Echoortung, senden aber keine Töne im Ultraschallbereich aus, wie die Fledermäuse, sondern ein hörbares Schnalzen. In dunklen Höhlen zu brüten, schützt sie vor vielen Feinden.

Welche Tiere setzen sich an Walen fest, ohne Parasiten zu sein?

Seepocken. Sie bevorzugen dabei Glatt- und Buckelwale, die eine stark gewölbte Stirn haben. Diese Bereiche werden von Parasiten befallen, aber auch zahlreiche Seepocken setzen sich dort fest, ohne allerdings dem Wal zu schaden. Warum Wale solche Wucherungen haben, ist nicht bekannt. Für die Seepocken scheint der Wal einfach ein geeigneter Untergrund zu sein, denn man findet sie heute oft auch an großen Öltankern. Das deutet darauf hin, dass der Wal den Seepocken nicht viel mehr als eine geeignete Fläche zum Festsetzen bietet.

Japanmakaken tauchen bis zum Hals in heiße Quellen, um sich im Winter warm zu halten.

Register

Register

BILDNACHWEIS

Wir danken folgenden Personen und Institutionen, die uns freundlicherweise Bildmaterial zur Verfügung gestellt haben:

Seite 5 Zambian Tourist Board; 12 Biofotos; 20 Biofotos; 21 Biofotos; 22 Michael Chinery oben Pat Morris unten; 23 N.H.P.A.; 26 Biofotos; 28 Natur Photographers; 30 Gene Cox; 31 N.H.P.A.; 38 Biofotos; 39 Pat Morris; 43 Biofotos; 46 R. Thompson oben N.H.P.A. unten; 47 Seaphoto; 50 N.H.P.A.; 53 Bruce Coleman; 60 Pat Morris; 61 N.H.P.A.; 64 Pat Morris; 65 Pat Morris; 71 Brian Hawkes; 72 N.H.P.A.; 78 G. R. Roberts; 81 A.N.I.B.; 89 Pat Morris; 90 Pat Morris; 92 Pat Morris; 94 Rao; 101 Pat Morris; 117 Bruce Coleman; 118 N.H.P.A.

Bildbeschaffung: Elaine Willi